A ÉTICA
Textos selecionados

O livro é a porta que se abre para a realização do homem.

JAIR LOT VIEIRA

ARISTÓTELES

A ÉTICA
Textos selecionados

TRADUÇÃO E NOTAS
CÁSSIO M. FONSECA

Copyright desta tradução © 2015 by Edipro Edições Profissionais Ltda.
Todos os direitos reservados. Nenhuma parte deste livro poderá ser reproduzida ou transmitida de qualquer forma ou por quaisquer meios, eletrônicos ou mecânicos, incluindo fotocópia, gravação ou qualquer sistema de armazenamento e recuperação de informações, sem permissão por escrito do editor.

Grafia conforme o novo Acordo Ortográfico da Língua Portuguesa.

3ª edição, 1ª reimpressão 2017

Editores: Jair Lot Vieira e Maíra Lot Vieira Micales
Coordenação editorial: Fernanda Godoy Tarcinalli
Tradução e notas: Cássio M. Fonseca
Editoração: Alexandre Rudyard Benevides
Revisão: Francimeire Leme Coelho
Arte: Karine Moreto Massoca

Dados Internacionais de Catalogação na Publicação (CIP)
(Câmara Brasileira do Livro, SP, Brasil)

Aristóteles (384-322 a.C.)
  A ética – textos selecionados / Aristóteles ; tradução e notas Cássio M. Fonseca – São Paulo : Edipro, 2015. (Série Clássicos Edipro)

  Título original: Ηθικα Νικομαχεια (parcial).
  ISBN 978-85-7283-899-3
  1. Aristóteles – Ética. I. Título II. Série.

02-4573   CDD-185

Índice para catálogo sistemático:
1. Filosofia aristotélica : 185

São Paulo: (11) 3107-4788 • Bauru: (14) 3234-4121
www.edipro.com.br • edipro@edipro.com.br
@editoraedipro @editoraedipro

SUMÁRIO

SOBRE O AUTOR | 7

ARISTÓTELES: SUA OBRA | 11

APRESENTAÇÃO | 15

PRIMEIRA PARTE: | 21
O OBJETO DA ÉTICA
E AS OPINIÕES DO TEMPO

SEGUNDA PARTE: | 45
A VIRTUDE

SEÇÃO I – A VIRTUDE ÉTICA | 47

SEÇÃO II – ANÁLISE DO ATO PRÁTICO | 61

SEÇÃO III – AS VIRTUDES DIANOÉTICAS | 77

TERCEIRA PARTE: | 101
O FIM DO HOMEM

SEÇÃO I – O PRAZER | 103

SEÇÃO II – A FELICIDADE | 117

SOBRE O AUTOR

Aristóteles nasceu no ano de 384 a.c., em Estagira, cidade-colônia grega da Macedônia, na península trácia de Calcídia. Seus antepassados haviam sido médicos dos reis daquela nação. E é de supor que se familiarizasse assim desde tenra idade com a ciência médica que o encaminhou para a observação empírica da natureza, bem antes de se consagrar à ética dos socráticos, à retórica dos sofistas ou à metafísica de Platão. Ainda jovem, aos 17 ou 18 anos de idade, dirigiu-se a Atenas, que se pode considerar sua verdadeira pátria espiritual. Ali viveu a maior parte de sua vida, só abandonando-a quando se viu forçado ao desterro político.

Logo ao chegar, recebeu-o Platão como discípulo em sua Academia, que Aristóteles frequentou até a morte do Mestre. O ambiente daquele período de expansão do helenismo e de esplendor do pensamento grego exerceu profunda influência em Aristóteles. Sentiu sobretudo o influxo de Platão, o que mais sobressai, quer na filosofia teorética, quer na prática, não obstante a atenção que devotou aos filósofos antigos, especialmente aos da escola jônica. Refere-se Olimpiodoro a um discurso epidíctico composto por Aristóteles em homenagem a Platão, e a um poema elegíaco em honra de um amigo que morrera, o cipriota Eudemo, onde em uma passagem o elogio do morto se mescla à expressão de imensa admiração por Platão ainda vivo.

Não impediu, contudo, essa admiração por Platão, a cujas doutrinas aderiu inteiramente de início, que dele divergisse mais tarde em certas questões fundamentais. Mas a explicação de sua atitude, muita vez mal interpretada e combatida com paixão que descabe no campo da especulação pura, encontramo-la em uma bela frase em que afirma dever ser-nos a verdade mais cara que o melhor amigo, e que pela verdade devemos renunciar até às nossas próprias convicções (*Ética a Nicômaco,* I, 6).

Aristóteles conheceu vicissitudes e agitações em sua vida. Muito cedo ficou órfão de pai e mãe, porém a boa fortuna o fez encontrar carinhosos pais adotivos em Proxeno e sua mulher, que lhe guiaram os primeiros passos no caminho da vida e da probidade, e custodiaram fielmente seu apreciável patrimônio paterno.

Depois da morte de Platão transferiu-se Aristóteles para Aterna, na Ásia Menor, a convite do príncipe Hérmias, de quem era amigo desde a Academia. Sobrevinda a queda e o assassínio desse príncipe, dirigiu-se a Lesbos, após ter salvo pela fuga Pítias, sobrinha e filha adotiva de Hérmias, com quem se casou. Mas logo a levou a morte. E embora tenha contraído novo enlace com Herpile de Estagira, lembra ainda carinhosamente a primeira esposa no seu testamento. De Herpile teve seu filho e discípulo Nicômaco, a quem devemos a mais completa das Éticas, que nos ficaram do autor do *Órganon*.

Recebeu, em 343 a.C., um convite do rei Filipe da Macedônia para se encarregar da educação do filho, Alexandre. Aceito o convite, nasceu da convivência entre o mestre e o discípulo sólida amizade. Sempre alimentou Aristóteles grande simpatia para com Alexandre Magno, em cujo espírito exercera benéfica influência. Mas tal simpatia nunca o levou a aprovar a conduta do grande general e conquistador, como soberano, pois este nem sempre seguiu os ensinamentos do Mestre. Alexandre se empolgou no remoinho da ambição e dos vícios da época, o que lhe torna às vezes opacas a glória e as realizações.

Aos 50 anos regressou o Mestre à Atenas. No Liceu, ginásio que ficava ao pé do templo de Apolo Liceu, fundou sua escola, que se denominou Perípatos, ou escola peripatética (nome oriundo do passeio coberto do Liceu), a qual chegou a eclipsar a Academia, nessa época dirigida pelo discípulo de Platão, Espeusipo, cujas ideias combate na *Ética* e alhures.

Pouco antes de morrer, perseguiu-o uma série de infortúnios. Enorme desgosto lhe causou o saber que Alexandre, embriagado, matara em um acesso de cólera um sobrinho dele, Calístenes, filósofo que zombara dos fastos orientais e das pretensões divinas do filho de Filipe e de Olímpias.

Quando morreu Alexandre, vítima de seus excessos, e a notícia chegou a Atenas, Aristóteles, que fora sempre fiel e grato de favores, viu-se alvo da mais triste ingratidão por parte da cidade que muito lhe devia por interferência dele junto à corte macedônia. Acusaram-no do delito religioso de tributar honras divinas a um mortal, crime gravíssimo naquele tempo. Embora sempre se tivesse alheado da política de Alexandre, alcançaram-no as manifestações do ódio, longamente sufocado, contra o poderoso macedônio. Condenaram-no à morte por sedição. Subtraiu-se Aristóteles à fúria do povo, o mesmo povo que já condenara Sócrates, votando-se ao desterro voluntário.

E no verão de 322 a.c., na cidade de Cálcis de Eubeia, que acolhera o êxule, morreu Aristóteles, o maior dos sábios que fizeram a glória e a eternidade da tradição clássica da Hélade.

ARISTÓTELES:
SUA OBRA

Já no tempo de Platão começou Aristóteles a construir sua obra, que tamanha influência viria exercer nas sucessivas experiências e fases do pensamento humano através das idades. Compõe seus primeiros escritos, tomando por modelo o chefe da Academia, tanto na matéria quanto na forma de exposição. Infelizmente se perdeu a maior parte de sua obra literária, principalmente os diálogos, gênero altamente apreciado na Antiguidade, dos quais apenas restam poucos e insignificantes fragmentos.

Embora muito lhe houvesse aproveitado o modelo platônico, não chegou Aristóteles a ombrear com o autor da *República* na beleza da forma; mas neste ponto constitui glória para o Estagirita o ter sido classificado por Cícero no segundo lugar, depois de Platão, quanto ao modo de expor suas doutrinas, tanto do ponto de vista didático como estético.

A forma dos escritos doutrinários que chegaram até nossas mãos admite supor que não são obras definitivas e destinadas a amplos círculos de leitores, senão apontamentos das lições aristotélicas, nos quais, decerto, se entremeteram fragmentos procedentes de épocas várias e que frequentemente discrepam entre si. Para desfigurar o texto aristotélico original contribuíram o primitivo dos meios de reprodução, as compilações e traduções incompletas e descuidadas, as tendências partidárias dos copistas e adaptadores, que sem cerimônia acrescentavam, suprimiam ou transpunham, no afã de acomodação e justificação de suas próprias ideias. Esses escritos, muito embora se deva reconhecer neles vigor, profundidade e plástica de expressão, deixam às vezes muito a desejar, e mesmo em questões de monta, com respeito à exposição. Deparam-se repetições inúteis e inoportunas; surgem explicações deslocadas e extemporâneas, e por vezes pecam até por obscuridade. Ora uma concisão excessiva, ora uma expressão equívoca tornam ininteligível mais de um trecho.

Possuímos de Aristóteles escritos "lógicos", colecionados desde a Antiguidade sob o título de *Órganon*, instrumento do saber científico, especialmente os dois livros analíticos, com a teoria da conclusão (a mais importante aquisição lógica de Aristóteles), os pequenos escritos sobre as *Categorias* e sobre a *Proposição* e os *Tópicos*, com o escrito sobre as conclusões sofísticas, instrumento da arte de discutir. No domínio das ciências naturais, existe a *Física*, com os escritos *Do Céu, Geração e Corrupção* e *Meteorologia*. Ademais, conforme a ordenação de suas obras, segue-se o escrito sobre os princípios do ser, sobre a filosofia "primeira", cuja colocação casual deu à disciplina ali tratada o nome de *Metafísica*, é dizer, "depois da física", "mais além da física". Na Zoologia, a sua contribuição foi a *História dos Animais*, obra essencialmente comparativa de anatomia e fisiologia. Sobre Psicologia escreveu o *Da Alma*. Ainda, as três Éticas: a *Ética a Nicômaco*, a *Ética a Eudemo* e a *Grande Ética*, que se juntam com a *Política*, onde culmina a ética aristotélica; da *Política* fazia parte, como material de estudo e pesquisa, um escrito que expunha as Constituições de muitos Estados gregos, das quais foi conservado o *Estado Ateniense*. Por fim, a *Retórica* e a *Poética*.

Durante a evolução do pensamento filosófico, desde a decadência grega até os nossos dias, observa-se que inúmeros filósofos, ou que de tal fizeram profissão, antigos, medievais e até modernos, procuraram invariavelmente, quase como um dever, estabelecer uma rigorosa e integral oposição sob todos os aspectos entre o pensador da Academia e o sábio do Perípatos.

A limitada visão de alguns chegou até a sugerir, o que refoge ao âmbito de toda especulação e aberra das investigações filosóficas, a supor questão pessoal, rivalidade, inveja... Semelhante modo de encarar o assunto deixou, entretanto, de merecer consideração e exame. O progresso do pensamento humano trouxe consigo a superação das classificações puramente extrínsecas e simplistas, e busca em maiores horizontes um sentido e uma compreensão mais amplos e profundos. Não mais somos escravos da fórmula, da partição e divisão exterior, não tem mais sentido discutir se a individualidade humana é uma composição do elemento "corpo" com o elemento "alma". Aristóteles divergiu, discordou, criou, mas nunca repudiou inteiramente as ideias de Platão, nem o poderia fazer. Sempre os uniu a ambos um traço comum e indelével, que foi o clima espiritual, o ambiente intelectual em que se formaram. O Estagirita jamais deixou de ser um legítimo grego, como Platão, discípulo e continuador da obra de seu Mestre. Entretanto, ante o rumo tomado pelas suas especulações, lembra-nos o criador das "Ideias", como poeta entusiástico e religioso, como pensador, como reformador social e político, os vultos de Tales, Pitágoras, Parmênides, com os quais alvorece a filosofia grega. Ao passo que Aristóteles, investigador, experimentador, observador e sistematizador, obreiro incansável do material da experiência objetiva, recorda o tipo genuíno do sábio que, desde Anaxágoras e Demócrito, surgira no mundo helênico. Mas fora de todo impróprio opor irremediavelmente o "idealismo" platônico ao "realismo" aristotélico, e equiparar assim suas atitudes e antíteses inconciliáveis, muito especialmente se levarmos em conta a considerável diferença do conteúdo daquelas expressões, dos conceitos de idealismo e realismo, que se transformaram fundamente nos vários estágios do pensamento filosófico. Impossível, hoje, no sentido vivo da palavra, considerar Aristóteles um "realista", em termos de filosofia moderna.

APRESENTAÇÃO

A *Ética* de Aristóteles chegou até nós em três redações: a *Ética a Nicômaco*, em dez livros; a *Ética a Eudemo*, em oito livros; e a *Grande Ética*, em dois livros. Muito se discutiu sobre a autenticidade e a época em que foram escritas aquelas obras. Mas hoje a tendência é considerar que não só a *Nicomaqueia* como a *Eudêmia* e a *Grande Ética* são autênticas, pertencendo as duas últimas a um período anterior do pensamento aristotélico. A *Nicomaqueia* parece refletir, segundo as autoridades, a doutrina do período mais maduro, porque sobrepuja largamente as outras pela ordem, pela inteireza, pelo valor literário, chegando a ser considerada, por antonomásia, a Ética de Aristóteles.*

O nome de Ética significa "ciência do costume". Tenha-se presente sempre que ao tratar da atividade prática, o objeto peculiar da Ética, Aristóteles distingue nitidamente pontos de vista inteiramente diversos: um propriamente dialético, filiado ao conceito aristotélico da Dianoia (lei do que em nós é propriamente humano); o outro, metafísico, e filiado ao conceito do *Nous* (a vida do divino em nós, a inteligência pura).

A Ética de Aristóteles une-se estreitamente aos conceitos fundamentais da Metafísica. De cada ser é própria uma certa essência e com tal essência uma certa atividade, que é justamente a expressão, a exteriorização em ato daquela essência. Mas semelhante atividade é determinada por um

---

*. A presente obra, *A Ética – textos selecionados*, constitui-se de um conjunto de fragmentos extraídos exclusivamente dos livros I, II, III, VI e X da *Ética a Nicômaco*. Ademais, *Ética a Nicômaco* e *Ética a Eudemo*, textos integrais disponíveis em *Clássicos Edipro*. (N.E.)

fim: a forma que atua no ser é simultaneamente o fim (*Telos*), a que se endereça a atividade dele.

Mas qual vem a ser o fim? O fim que é o "sumo bem" do homem. Esse fim é chamado *Eudemonia*. Mas em que consiste a eudemonia, a felicidade? (Note-se que a palavra "felicidade" não corresponde exatamente à "eudemonia" grega; tem novo e mais rico sentido subjetivo). Divergem as opiniões dos filósofos. Aristóteles, porém, segue outro rumo: seu ponto de vista não é o bem supremo, senão a essência do homem e a atividade que por sua essência lhe é adequada. O homem é um "ser racional": a atividade racional (do *Nous*), o pensamento é a *Expressão* da essência dele, o meio para a realização de seu fim, de seu bem supremo. No pensamento consiste, portanto, a "virtude" do homem, a vida teórica sobrepõe-se à vida prática, a vida contemplativa é a melhor de todas as vidas, é a vida perfeita, "divina". Mas as próprias virtudes práticas de domínio de si mesmo, de temperança, de magnanimidade, e outras, revelam a superioridade da razão no procedimento. E a influência da razão consiste em que esta conserva sempre a justa medida, a mediania universalmente válida entre o excesso e a falta. Por isso toda virtude é o termo médio entre dois extremos, ou dois vícios. Não simplesmente um termo médio aritmético-mecânico, senão verdadeiramente racional. Desse modo, a fortaleza é o verdadeiro termo médio entre a covardia e a audácia, a temperança o justo meio entre a intemperança e a insensibilidade, a liberalidade entre a prodigalidade e a avareza, a conservação da personalidade a reta medida entre a renúncia do pusilânime e a presunção do orgulhoso. Aqui se nos depara o juízo, lidimamente grego, de medida e equilíbrio, de harmonia e beleza.

O homem é um ser feito para a *convivência social* (é um ser *político* no sentido grego da palavra, que aqui não representa homem de Estado, mas sim o homem de vida pública). O sumo bem não se realiza, portanto, na vida individual humana, porém no organismo superindividual do Estado: a Ética vai culminar na Política. Aristóteles renuncia ao Estado ideal utópico, à unidade abstrata ideal; antes pelo contrário, ele busca o mais íntimo contato com a realidade político-histórica. Partindo das Constituições em voga, procura discernir em cada uma a forma degenerada e a forma justa e racional; e aqui também encontra o ideal no justo meio.

Um dos pontos que devemos ter sempre em mente para a compreensão da Ética grega, e também de muitos dos seus conceitos e ideias, é o liame indissolúvel entre os conceitos de beleza e bondade. A união destes dois conceitos é para nós dificílima, visto que ambos são muito diferentes dos seus correspondentes modernos; para o grego, no entanto, era natural e claro passar de um a outro. O espírito grego era dominado pela ideia da medida e da simetria, do que dá mostra a doutrina pitagórica. O excesso e a falta o desagradavam igualmente. Amava a vida, mas sem ardor, considerando-a aprazível quando bela; se não fora, preferível morrer. A exuberância de energias era nele mitigada por instintiva elegância e comedimento no sentir. Necessitava de ação, porém, de ação harmoniosa. Essa disposição espiritual coloriu também a filosofia grega, cujo mérito principal será sempre o de ter, com maravilhosa finura de intuição, apreendido as antíteses que se acham para além da realidade, buscando-lhes a concordância.

 A teoria platônica das ideias deu o nome àquele "idealismo" que na esfera do "ideal" vê o domínio de uma realidade mais elevada e ainda o sentido profundo de toda existência real. Diante desse idealismo e nesse sentido, Aristóteles se mostra como um "realista", guardando-se, como já se observou, as devidas proporções quanto à significação das palavras. De fato, realista o torna seu imenso conhecimento de fatos, resultado de infatigável atividade de pesquisador. Mas tampouco se livrou Aristóteles do perigo que corre o "realista", principalmente onde trata de coisas humanas: "o perigo de considerar eternas as realidades de hoje, ou talvez já de ontem".

 Pode-se, pois, dizer que a verdadeira e principal continuação científica da filosofia grega e da obra de Platão se encontra na obra de Aristóteles, que no seu legado intelectual transmite com vigorosa expressão o tesouro da experiência e do pensamento do seu tempo.

A ÉTICA
TEXTOS SELECIONADOS

PRIMEIRA PARTE

O OBJETO DA ÉTICA E AS OPINIÕES DO TEMPO

A RESPEITO DO LIVRO I

A *ÉTICA A NICÔMACO* FOI DIVIDIDA originariamente em dez livros. Essa divisão original, porém, andou perdida, com exceção das indicações referentes aos livros I, II, III, VI e X. Quanto à divisão em capítulos e parágrafos, mantivemos a ordem mais comumente adotada pelos diversos tradutores da obra de Aristóteles.

Livro I, Capítulo I – Os Capítulos I a III servem de *proêmio*, em que se apresenta o objeto do discurso ético e a sua relação com a Política, pois discorre a respeito do método e do ouvinte mais adequado a estas lições. O resto do primeiro livro é quase todo formado pelo exame das principais opiniões que antes do Autor e no seu tempo corriam acerca da felicidade, que é o sumo bem e o fim supremo da vida humana. Este primeiro Livro, portanto, é em grande parte introdutivo e somente com a teoria da virtude começa o discurso propriamente doutrinário. Este é um dos maiores méritos do método aristotélico, pelo qual toda doutrina surge sobre a base concreta da história. Conforme, por exemplo, os primeiros livros do *De Anima*, da *Metafísica*, da *Política*. O começo da *Ética* tem muita semelhança com o da *Política*: o motivo de toda ação é o bem; toda comunidade se criou tendo em vista qualquer bem; para alcançar o sumo bem existe o Estado, que é a comunidade mais perfeita e maior. A *Metafísica*, ao inverso, parte de outro ponto, mas em direção paralela: todos os homens tendem naturalmente ao saber; depois se distinguem os vários gêneros de conhecimento e o conhecimento puro ou supremo, que é o objetivo próprio da *filosofia primeira*. Na *Metafísica* se estuda a atividade humana enquanto, conhecendo, realiza em si as formas do ser; na *Ética*, enquanto, operando, realiza em si o bem. Acolá, no reino da ciência e das formas; aqui, no da ação e dos fins. E como lá se procura um princípio que explique a multiplicidade do real, assim, aqui, um fim a que todos os fins estejam subordinados.

LIVRO I, 1

[1. O bem é o fim. Subordinação dos fins ao fim último ou sumo bem.]

[1094a1] TODA ARTE[1, 2] E INVESTIGAÇÃO, e igualmente toda ação e todo propósito, parecem ter em mira um bem qualquer: por isso foi dito com razão que o bem é aquilo a que todas as coisas visam. Mas há que fazer uma distinção entre os fins:[3] em alguns casos os próprios atos são fins; em outros, certas obras, além dos atos. Onde existem certos fins para além das ações, ali as obras são por natureza mais excelentes que os atos.

E sendo muitas as ações, as artes e as ciências, vêm a ser muitos também os fins: por exemplo, da medicina o fim é a saúde; da arte de fabricar os navios, os navios; da arte militar, a vitória; da economia, a riqueza. Enquanto elas são tais que se reduzem a uma faculdade[4, 5] (por exemplo: do picadei-

1. *Arte* é, para o autor, a habilidade de produzir ou fazer alguma coisa: por exemplo, a do lenhador, do piloto que guia o barco, do médico que procura curar etc. Eles, primeiro, devem *investigar* o modo de produzir: logo, também a arte é coisa própria do homem, porque pressupõe a inteligência (não é arte a da aranha que tece a teia, da ave que voa etc.).
2. *Foi dito...* por Eudóxio. (Vide nesta obra, *Terceira Parte, Seção I*, tópico 6.)
3. "Em algumas coisas o fim último é o ato: por exemplo, a visão é o fim último da vista, não havendo além desta nenhuma outra obra da vista; em outros casos, há alguma coisa por exemplo, na arte de construir casas, a casa é alguma outra coisa além do construir" (*Metafísica*, 1050a24) [obra disponível em *Clássicos Edipro* (N.E.)]. E pouco depois: "Logo, de quantas coisas não há outra obra além do ato, nelas está ínsito o ato: por exemplo, a visão em que vê; a contemplação, em que contempla; na alma, a vida, e, portanto, também a felicidade que é uma vida de certa espécie" (*Metafísica*, 1050a34). Logo, nos seres que têm em si a atividade, esta pode coincidir com a obra, ou antes consiste, precisamente, no obrar; de modo que o ato de ver é *obra* própria da vista e contém a perfeição em si mesmo. Nos seres materiais, ao invés, nos quais o ato não está ínsito, faz-se mister um motor externo em ato que faça passar a mera potência da matéria à forma (dê às pedras a forma da casa): neste, o fim (a casa) é perfeito somente quando o ato (do construir) realizou a forma inteiramente.
4. *Faculdade* é aqui usada na significação que teve, depois, nas frases: faculdade de Medicina, de Direito etc. Mas, em geral, o termo "faculdade" equivale ao de *potência* (capacidade): "Todas as artes e ciências que visam ao fazer são potências, porque princípios de mutação de uma coisa noutras diversas" (*Metafísica*, 1046b3). Aqui, porém, se trata de "potências racionais", e somente assim o seu significado concorda com aquele que tem a "potência" no sistema metafísico.
5. Alhures, *a arte* é somente uma *faculdade poiética*, isto é, *produtiva* de alguma coisa que por si não se produz. O termo oposto é "natureza": daí a distinção entre *coisas naturais* (por exem-

ro depende a arte de fazer os arneses e quantas outras que são instrumentos de cavalaria; a cavalaria, e toda ação guerreira dependem da arte militar; e do mesmo modo outras, de outra): em todas, digo, os fins das artes fundamentais[6] são de maior valor que os das dependentes: porque se procuram estes mercê daqueles. A tal respeito, não faz diferença que os fins das ações sejam os próprios atos, ou então outra coisa além destes.

LIVRO I, 2

[1094a20] Logo, se nas coisas práticas existe algum fim que se deseja por si mesmo, e por ele se deseja todo o resto e, se é verdade que nem toda coisa desejamos por outra (se não, ir-se-ia ao infinito: donde inútil e vão fora o nosso desejar), claro está que tal fim será o bem, ou antes o sumo bem.

[2. O Estudo do bem pertence à Política, que é a primeira das ciências práticas.]

Ora, não será porventura o conhecimento dele de grande importância para a nossa vida, e, semelhantes aos arqueiros, certos da mira, não alcançaremos mais facilmente aquilo que se deve?[7] Se assim é, esforcemo-nos por delinear em esboço o que seja ele, e de qual dentre as ciências ou faculdades seja objeto. Ninguém duvidará de que o seu estudo pertença à ciência[8] principal e mestra de todas as outras. Tal é, vê-se claramente, a

---

plo, um carvalho) e *coisas artificiais* (por exemplo, uma estátua). A *ciência*, propriamente, tem por fim o conhecimento do ser, não a produção. Mas, de outro lado, a arte, enquanto *teoria da arte,* é também ela uma *ciência*. E vice-versa, as ciências que visam à *prática* são também *artes*; o médico, por exemplo, *produz* a saúde do enfermo. Mas *prático*, pois em sentido próprio, é aquilo que respeita a ação considerada moralmente, em si e por si (enquanto ato da nossa vontade). (Vide nesta obra, *Segunda Parte, Seção III,* tópicos 5 e 60.)

6. *Fundamentais*: literalmente. "arquitetônicas", termo que aqui designa a hierarquia das ciências (como arquiteto que *dirige* os trabalhos de uma fábrica). Dentre as ciências práticas e *arquitetônicas*, a Política; dentre as teóricas, a Metafísica.

7. *Aquilo que se deve*: não o *dever*, que é conceito moderno, mas aquilo que é requerido ou está bem em dadas circunstâncias (o que contribui, convém).

8. A *Ética* considera o indivíduo; a Política, o Estado (que para o grego, como é sabido, consiste na *pólis*, cidade): a diferença, portanto, é qualitativa, além de quantitativa. O verdadeiro bem do indivíduo coincide com o da *pólis*: "fim último de toda arte e ciência é o bem, e maximamente daquela que está acima de todas, a ciência política" (*A Política,* 1282b14)

ciência política.⁹ Pois que esta dispõe, na cidade, as ciências de que necessitas, e quais cada um deve aprender e até que ponto. Vemos que também as faculdades tidas em maior apreço, como a arte militar, a economia, a oratória lhe estão sujeitas. E valendo-se ela de todas as demais ciências práticas, e além disso estabelecendo por lei que coisa se deve fazer e de que coisas se abster, pode-se dizer que o seu fim abrange os fins de todas as outras, donde ser o bem humano o seu fim. E embora sendo idênticos o bem do indivíduo e o da cidade, todavia obter e conservar o bem da cidade é coisa maior e mais perfeita. Em verdade: o bem é digno de ser amado também por um único indivíduo; porém é mais belo e mais divino quando referente a povos e cidades. A isto, portanto, visa a presente investigação, que é de natureza política.

[3. Do grau de exatidão que se pode exigir desta ciência.]

LIVRO I, 3

[1094b15] ACERCA DO ASSUNTO SE DIRÁ O SUFICIENTE,[10] esclarecendo-se até onde a matéria o comporta: de fato, não há que procurar a pre-

---

[obra disponível em *Clássicos Edipro* (N.E.)]. Para o autor, o homem é capaz de moralidade porque é capaz de educação. Mas a educação é possível somente no viver comum. Assim, o homem é um ser moral justamente porque é um ser político. E é um ser político precisamente pela sua própria natureza humana: "Está claro que o Estado é produto da natureza e superior ao indivíduo pois que o indivíduo separado, não bastando a si mesmo, tende, com toda outra espécie de partes, por hábito, ao seu todo. Quem não fosse capaz de comunidade civil, ou dela não tivesse necessidade para bastar-se a si mesmo, não se tornaria nenhuma parte do Estado, de modo que fora para considerar ou animal ou deus" (*A Política*, 1253a25); (conforme também, *ibidem*, o que precede, onde, segundo o princípio geral aristotélico, que aquilo que é último em ordem no devenir é primeiro com respeito à essência, confirma-se que o Estado é por natureza anterior ao indivíduo e superior a ele, assim como o todo é necessariamente superior à parte). Quanto ao conceito político da educação moral, abundam os passos de *A Política*, por exemplo: "As ações se distinguem com respeito ao honesto e ao não-honesto, não por si mesmas, porém segundo o seu fim. E pois que é nossa opinião que a virtude do cidadão e do governante seja a mesma que a do homem ótimo; convindo, ademais, que a mesma pessoa primeiro obedeça e depois ordene: será isto a tarefa do legislador, que os homens se tornem bons, considerando quais sejam as instituições que a tal conduzem e qual seja o fim da vida melhor" (*A Política*, 1333a10).

9. O autor chama amiúde *política* o seu discurso sobre a praxe.
10. Acerca do método, como se diz hoje, ou melhor, acerca do valor da ciência ética, se disse tudo, quando se observou que o autor a distingue das *ciências teoréticas*. Ela é *ciência prática*: o seu objetivo não é eterno, universal e necessário; mas é contingente e particular. Os

cisão em todos os raciocínios, como igualmente não se pode fazê-lo nem mesmo nos trabalhos manuais.[11] Ora, ao falar do que é honesto e justo,[12] que são os objetos de estudo da ciência política, encontra-se tanta disparidade de opiniões, que parece não serem tais por natureza, mas somente por lei.[13] Acerca das coisas que se hão de considerar boas,[14] depara-se também com certa instabilidade de juízos, e o motivo é que a muitos acontece delas receberem danos, havendo já perecido alguns em virtude da riqueza, assim como outros por sua força de ânimo. Falando, pois, de tais coisas e partindo de tais juízos, faz-se mister contentar-se de indicar a verdade em geral e em esboço, e, discorrendo sobre coisas que de ordinário sucedem, tirar conclusões de igual natureza. Do mesmo modo, convém igualmente que cada um examine o que se diz, pois que é próprio de pessoa culta exigir em cada gênero tanta precisão quanto comporta a natureza da coisa: louvar um matemático porque fala persuasivamente parece o mesmo que pedir demonstrações a um orador.

---

costumes dos homens, de fato, são muito diversos, e o modo de se conduzirem nas ações varia segundo as circunstâncias. Não se quer dizer com isto que os princípios ou conceitos supremos (fim, ato, sumo bem etc.) não pertençam à filosofia. Diz-se somente que abandonando o campo da ciência pura, e propondo-se não mais o conhecimento por si mesmo, porém o conhecimento enquanto tem por escopo a ação, o discurso deve aceitar como premissas as opiniões verdadeiras, concedidas pelo *consensus gentium* ou pelas pessoas cultas. Entende-se que, tratando-se de opiniões, as demonstrações da Ética não podem ser exatas como as da Matemática. Mas não se confundem tampouco com a Retórica, porque esta não demonstra, mas busca o que é mais adequado a persuadir (*Retórica*, 1355b10) [obra disponível em *Clássicos Edipro* (N.E.)].

11. Nas artes, digamos assim, materiais, a figura do produto é diferente segundo a matéria. Da argila não se pode fazer uma estátua fina como do mármore ou do bronze.
12. *O que é honesto*: no sentido antigo da palavra: o que merece honra, porque é belo, conveniente, louvável que se faça. Todos sabem quanto embaraço – para nós, modernos – apresentam os juízos de avaliação dos gregos: o lado estético e o lado utilitário (belo e útil) não são geralmente distintos do lado propriamente moral na ação (bom). E não é só; mas também *as coisas* são investidas de valor estético, de bondade etc. Fora, porém, grave erro acreditar que tais conceitos estejam identificados, e que falte a consciência dos valores espirituais. Não. Aqueles conceitos eles os achavam harmônicos, mesmo que não idênticos; tampouco entre os valores do sujeito e as coisas sentiam discórdias, de maneira que lhes era natural referir a estas atributos daqueles. Donde o uso frequentíssimo do neutro.
13. *Por lei*: é o famoso adágio sofístico: vício e virtude são tais por convenção social, arbitrários. Assim a opinião sofística é citada somente como exemplo da variedade dos juízos humanos.
14. Nem sempre aquelas que por si mesmas são bens, são tais para cada um.

[4. Do ouvinte.]

Cada qual, pois, julga retamente aquilo que conhece, e disso é bom juiz. Daí o ser bom juiz nos pormenores quem neles é instruído, mas julgará absolutamente bem aquele que seja instruído em tudo. Por isso à política não está preparado o ouvinte jovem, porque inexperto dos fatos da vida: ora, destes parte e em torno destes gira o nosso raciocínio. Acresce que, deixando-se ele guiar pelas paixões, ouvirá com leviandade e sem proveito, sendo o nosso fim não o conhecimento, porém a ação. Tampouco faz aqui qualquer diferença o fato de ser alguém jovem por idade ou então por costumes juvenis,[15] que o defeito não nasce da idade, mas de viver segundo as paixões e andar empós de toda coisa. Para gente assim feita, a cognição resulta infrutuosa, por igual que aos incontinentes. Para aqueles, ao revés, que conforme a razão compõem os próprios apetites e ações, poderá ser muito útil o haver conhecimento destas coisas.

Quanto ao ouvinte e como deva ser acolhido o discurso, e quanto ao que nos propomos – valham as coisas aqui ditas a modo de proêmio.

[5. Todos concordam que o fim último é a felicidade, mas discordam quanto à sua essência.]

LIVRO I, 4

[1095a15] RETOMANDO AGORA DO INÍCIO a nossa pesquisa, já que todo conhecimento e todo propósito nosso tendem a um bem qualquer, digamos qual é aquele a que visa a política, e qual seja de todos os bens práticos o mais alto. Quanto ao nome, estão quase todos de acordo: quer o vulgo, quer a gente de escol, dizem ser a felicidade, e acham que uma vida bela e afortunada seja o mesmo que ser feliz. Mas, depois, quanto ao

---

15. Os jovens se tornam facilmente hábeis nas matemáticas, porque são ciências concretas; mas não na filosofia e na física, porque são ciências abstratas, as quais demandam longa experiência. O autor (está claro) faz questão do desenvolvimento intelectual e moral de quem ouve, para que seja capaz de entender e para que lhe aproveite. A ciência moral não pode adequar-se a seres que não estejam ainda espiritualmente maduros. Esta maturidade e quase constituição moral, segundo o autor, não se tem por natureza, mas pela educação: os jovens não educados estão ainda no estado natural, presas das paixões.

que seja a felicidade[16] estão em discórdia, não dão a mesma explicação às pessoas vulgares e aos sapientes: pensam alguns que seja uma das coisas manifestas e claras, como o prazer ou a riqueza ou a honra; outros, outra coisa. E muitas vezes o mesmo homem a repõe em coisas diferentes (quando está enfermo, na saúde; quando é pobre, na riqueza); e os que são cônscios da própria ignorância admiram aqueles que sabem dizer alguma coisa elevada, superior à inteligência deles. Alguns, após, acharam que para além destes múltiplos bens a felicidade fosse outra coisa que seja bem por si mesma, a qual seja também para todos aqueles a causa de serem eles bens. Mas, talvez nem valha mesmo a pena empreender o exame de todas as opiniões existentes, e basta considerar aquelas que gozam de maior favor ou então parecem encerrar alguma razão.

[6. Se se deve seguir o método indutivo ou dedutivo.]

Mas não percamos de vista que se entrepõe diferença quanto aos raciocínios que se formam dos princípios e aqueles que vão aos princípios.[17, 18, 19, 20] Também Platão, em verdade, duvidara nesta matéria,

---

16. *Felicidade*. Não é possível representar em língua moderna, com precisão, *a eudaimonia* grega (literalmente: um bem-estar, um estado de perfeição que encerra o divino), porque com a palavra mudou a ideia. Conservamos, em respeito à tradição, o termo *felicidade*, embora tenha para nós um sentido subjetivo muito maior que em grego. De resto, nem vale a pena insistir sobre o termo, desde que o próprio autor nos adverte de que deseja discutir não a palavra, porém o conceito de sumo bem que podemos pôr por obra. Ela é, sim, alguma coisa de interior e espiritual, enquanto definida como plenitude de vida e perfeição do ato da alma; mas demanda também certa afortunada condição natural. Quem tivesse um corpo disforme ou doente, não poderia ser plenamente feliz. Tampouco o escravo, não possuindo a plenitude de vida, pode, segundo o autor, ser feliz. Assim, nem mesmo as crianças (e tanto menos os animais inferiores ao homem) são partícipes da felicidade.
17. Segundo digressão sobre o método da Ética. O autor conclui a favor do método indutivo, que é o próprio da dialética. A *apodioxe*, ao invés, é mais própria das ciências exatas, como a matemática.
18. *Platão*: cf. *A República*, 510b [obra disponível em *Clássicos Edipro* (N.E.)].
19. *Juízes*: propriamente, aqueles que presidiam aos jogos, nas Panaténeias, e à distribuição dos prêmios. Para tal ofício havia dez, um por tribo, eleitos pelo povo por quatro anos, conforme Platão (*As Leis*, 764d) [obra disponível em *Clássicos Edipro* (N.E.)].
20. A distinção entre o que existe primeiro e mais conhecido por natureza (absoluta e logicamente) e o que existe primeiro e mais conhecido de nós (no devenir do nosso conhecimento, empiricamente) se encontra em *Órganon: Analíticos Posteriores*, 71b3 [obra disponível em *Clássicos Edipro* (N.E.)].

pesquisando se o caminho a seguir fosse dos princípios ou para os princípios: assim como no estádio se pode andar dos juízes ao término, e vice-versa. Certo é que se deve começar das coisas conhecidas. Mas estas são de duas espécies: umas são por nós conhecidas; as outras, absolutamente não. Provavelmente, pois, nos convém iniciar precisamente com as coisas que conhecemos. E eis por que é preciso que tenha sido educado em hábitos honestos[21] aquele que deverá estar em condição de ouvir falar de honestidade, de justiça, e, em geral, de coisas políticas (pois o ponto de partida é que a coisa é assim: e uma vez seja isto concedido não haverá necessidade de acrescentar o porque é assim). Semelhante ouvinte, ou já possui os princípios, ou então poderá adquiri-los facilmente. Mas aquele que os não tem, nem cuida de os adquirir, ouça os versos de Hesíodo:[22]

Ótimo é aquele que por si tudo entenda;
sábio é também aquele que obediente ouça
quem bem fala; mas quem por si não pense
nem ouvindo a outrem sinta o coração desperto,
este é, em verdade, um homem inútil.

[7. Muitos colocam a felicidade ou no prazer ou na honra ou na virtude.]

LIVRO I, 5

[1095b15] MAS VOLTEMOS COM O DISCURSO ao ponto de onde partimos.[23]

Parece, não sem razão, que os homens ajuízam do bem e da felicidade pelo seu gênero de vida. A maioria e os mais rudes acham que seja o prazer, e por isso outra vida não amam senão a dos gozos. Que três vidas têm

---

21. Este passo, muito controverso, pode entender-se assim: a Ética não é uma ciência pura (Metafísica), mas prática: ela parte dialeticamente do *fato moral*, que já deve ser concedido, e em torno dele raciocina. Se alguém reconhece que assim é o fato moral, não há mister, para o convencer, de argumentação, tanto mais quanto o escopo da Ética não é o convencer, porém o fazer; assim é que se alguém que já foi educado nos princípios morais, quiser aprender também a ciência da moral (Ética), não lhe será empresa árdua.
22. Hesíodo: *Os trabalhos e os dias*, 293 ss.
23. Aqui começa a análise das opiniões preponderantes: sua distinção nos três grupos se encontrava já, pouco mais ou menos, em Platão e seus contemporâneos.

a preferência sobre todas as outras: aquela dita agora; a outra, que é a vida política; e a terceira, que é a vida contemplativa.

A maioria, portanto, se mostra em tudo igual a escravos, propondo-se uma vida bestial; mas acha uma razão nisto: que muitos daqueles que estão no poder têm as mesmas paixões de Sardanápalo.

Ao invés, as pessoas finas e ativas repõem o bem e a felicidade na honra:[24] porque a honra é quase o fim da vida política. Mas tal fim se mostra demasiado superficial em paralelo com aquele que se busca, pois que a honra está mais no poder de quem a dá, do que em quem a recebe. Pelo contrário, o bem que andamos conjeturando é coisa toda própria e difícil de ser arrebatada. Além disso, parece que os homens buscam a honra para convencerem a si mesmos de que são bons e procuram, portanto, ser honrados pelas pessoas sábias, e junto de quem os conhece, e em nome da virtude. Está claro, pois, que também para eles a virtude é mais excelente.

Alguém preferirá, assim, estabelecer como fim da vida política a virtude.[25, 26] Mas também ela aparece mui imperfeita, porque pode acontecer que a virtude exista ainda em alguém que durma, ou passe ocioso toda a vida, e, além deste, em alguém que esteja oprimido pelos maiores males e desventuras. Ora, tirante quem queira sustentar a todo custo o argumento, ninguém jamais diria feliz um homem que vive de tal maneira. E disto basta (que já dissemos o suficiente também nos livros encíclicos).

A terceira vida é a contemplativa, que examinaremos a seguir.[27]

Quanto à vida consagrada aos ganhos, é uma vida forçada, pois está claro que a riqueza não é o bem que se busca: não passa de coisa útil, e procura-se para fins outros, pelo que no número dos fins se devem colocar primeiro aqueles mencionados anteriormente, porquanto são amados por si mesmos. Mas parece que nem mesmo aqueles sejam o bem que se procura. Contudo, muitos argumentos foram aduzidos a seu favor.

---

24. A honra é o reconhecimento da virtude. Note-se, porém, que o termo corresponde mais a *honras* do que a *honra*.

25. A virtude, como logo se dirá, é um *hábito*, uma posse; mas o autor quer que seja ela ativa. O ser virtuoso, visto como mera qualidade, é repudiado como inútil: o importante é *agir* virtuosamente.

26. *Livros encíclicos* são talvez os mesmos que o autor cita algures com o nome de *exotéricos*, provavelmente porque tratavam argumentos filosóficos de maneira mais popular.

27. Vide nesta obra, *Terceira Parte, Seção II*, tópico 2.

[8. *Crítica da doutrina platônica do bem.*]

LIVRO I, 6

[1096a15] MAS DEIXEMOS DE PARTE ESTAS COISAS.[28] Talvez fora melhor examinar o bem de modo universal,[29] segundo se diz, embora tal questão nos deva resultar espinhosa, em virtude da amizade que nos liga àqueles que introduziram as Ideias. Mas isto bem parecerá melhor a cada um: que para a salvação da verdade convenha fazer calar toda consideração particular, especialmente quem faz profissão de filósofo: a quem daqueles e desta seja amigo, é dever sagrado honrar de preferência a verdade.

Aqueles que introduziram tal doutrina não estabeleciam ideias para as coisas em que diziam haver um antes e um depois (por isso, justamente, nem sequer para os números construíram uma ideia).[30, 31] Mas do bem se fala na categoria da substância, na categoria da qualidade e na categoria da relação. Aquele, pois, que é por si mesmo, e que é a substância, existe, por natureza, antes daquele da relação (este, de fato, é como uma derivação e um acidente do ente): de modo que não poderá haver uma ideia comum para eles.

Ademais, falando-se do bem em outros tantos modos de ser (visto que se diz na substância, por exemplo: Deus e a mente; e na qualidade, por exemplo: as virtudes; e na quantidade, por exemplo: o ser comedido; e na relação, por exemplo: o útil; e no tempo, por exemplo: a oportunidade; e no lugar, por exemplo: a residência; e outras coisas semelhantes),[32] é claro

---

28. Vistas sumariamente as opiniões do vulgo e das pessoas cultas, volta-se agora para a dos filósofos. Entre estes, primeiro, senão único, Platão. A polêmica a que se consagra este capítulo é ilustrada com o primeiro livro da *Metafísica* (capítulos IV e IX), ou, melhor dizendo, em toda a posição de Aristóteles perante Platão e a antiga Academia.

29. O autor aqui não tem a intenção de pôr em dúvida o universal, porém a concepção que dele tinha Platão. Admite o universal em dois sentidos: ou como noção abstrata, predicado comum, de que trata propriamente o *Órganon*; ou então como conceito real, concreto, fundamento do desenvolvimento do ser em todas as formas particulares, nunca fora delas.

30. Se houvesse uma Ideia-número, ela existiria antes do primeiro número da série: isto parece absurdo. Igualmente: se não há ideia das coisas subordinadas umas às outras, já que os bens são subordinados entre si (o bem como substância é superior ao bem como relação), não pode existir Ideia-bem.

31. Note-se que no "antes" se encerra tanto o conceito de propriedade no tempo, quanto o de superioridade lógica. A essência é um *prius* da substância, e esta é um *prius* das categorias secundárias (qualidade, quantidade, relação etc.).

32. Em resumo: a Ideia, ou é uma generalidade, um nome abstrato, vazio de realidade; ou é um nome real, existente; mas não pode ser uma e outra coisa simultaneamente.

que não pode haver um bem comum que seja também único, porque não se falaria dele em todas as categorias, mas somente em uma única. Ainda: pois que das coisas que dizem respeito a uma única ideia, única é também a ciência delas, igualmente de todos os bens haveria uma única ciência.[33] Ao contrário, existem muitas, até daqueles que recaem sob uma única categoria, por exemplo: a ciência da oportunidade, na guerra, chama-se estratégia; na doença, medicina; a ciência da medida, no que concerne à alimentação, é a medicina; no que concerne aos exercícios do corpo, a ginástica.

Alguém poderia, contudo, duvidar sobre que coisa querem dizer com aquele "em si" de cada coisa, uma vez que para o "homem em si" e para o "homem" o discurso é um só e o mesmo: o do homem. Porque, enquanto um e outro é homem, em nada diferem. E se assim é, tampouco o bem e o bem "em si" serão diferentes, enquanto um e outro é bem.[34] Nem por ser eterno aquele bem será tal com maior direito, de vez que uma coisa branca que dure muito tempo nem por isso é mais branca do que uma que dure um só dia.

Mas parece falarem disto persuasivamente os pitagóricos, colocando a unidade na série dos bens, opinião esta que parece ter seguido igualmente Espeusipo.[35, 36] Mas disto se falará noutra ocasião.

33. Tenham-se presentes os dois valores, o dialético e o metafísico (concreto e abstrato) do conceito aristotélico de categoria: na mesma categoria abstrata se encontram gêneros de coisas muito diversas entre si. A cada gênero corresponde uma ciência.

34. Até aqui, da Ideia como universal. Agora a questão se encontra entre transcendência e imanência. "Aqueles que afirmam serem as Ideias causas das coisas, em primeiro lugar, enquanto investigam as causas das coisas existentes neste mundo, introduzem outras tantas em número e diversas delas. Como alguém que, desejando contar certo número de coisas, acreditasse não o poder fazer enquanto são poucas, mas que, duplicando-as, se lhe tornasse fácil. De feito, as ideias são de número igual, pelo menos não inferior, às coisas cujas causas procuram aqueles, procedendo delas para as Ideias. Assim, para cada gênero de coisas há um *quid* que traz o mesmo nome, não só para as substâncias, senão para todas as outras em que ocorre o um no múltiplice, tanto para as coisas sensíveis quanto para as eternas" (*Metafísica*, 1078b33).

35. Conforme, quanto às doutrinas pitagóricas (*Metafísica*, 985b23): punham dez pares de princípios (*finito, infinito; pares, díspares; inércia, movimento; bom, mau; macho, fêmea; unidade, pluralidade etc.*). Aqui não se quer dizer senão que, à primeira vista, parece mais razoável a teoria pitagórica, porque, pelo menos, não considera a unidade (e, assim, o bem) como transcendente ou separada das coisas (e, assim, dos outros bens).

36. Espeusipo, sobrinho de Platão, um dos chefes de escola da antiga Academia, com tendências pitagóricas, como aqui e algures se diz.

Mas nas coisas anteriormente ditas se entrevê uma dúvida, isto é, que os discursos delas não são feitos para todo bem, porém segundo uma única espécie se mencionam somente os bens que por si mesmos são procurados e amados;[37] aqueles, pois, que têm a faculdade de produzir tais bens, ou então de os conservar de certo modo, ou ainda de impedir as coisas que lhes são contrárias, chamam-se bens por causa dos primeiros e de um outro modo. É evidente, na verdade, que dos bens se pode falar em dois sentidos: em um, dos bens que são tais por si mesmos; em outros, dos bens que são tais mercê dos primeiros. Separemos, pois, os bens por si mesmos dos bens que são somente úteis; e vejamos se daqueles se fala segundo uma única ideia. Mas que bens se podem apresentar, que o sejam por si mesmos?[38] Não porventura quantos se procuram, mesmo sem outra companhia, por exemplo, a sabedoria, o ver, alguns prazeres, as honras? Estes, se nós os procuramos mesmo tendo em vista algum outro bem, todavia se podem colocar entre os bens que são tais por si próprios. Ou então não se deve colocar entre estes nada mais que a Ideia?[39] Mas se assim é, a espécie virá a ser coisa supérflua. Que se também estes são bens por si próprios, haverá mister que a noção do bem apareça igual neles todos, assim como a noção de brancura é idêntica na neve e no alvaiade. Mas da honra e da sabedoria e do prazer, enquanto bens, as noções são diversas e diferentes entre si. Não existe, portanto, o bem entendido como alguma coisa de comum segundo uma única ideia.

---

37. Note-se a transição da *ideia* a *espécie* (em grego, *idea*, e *eidos*), que esclarece toda a questão. O autor admite, como vimos, uma distinção entre bens por si mesmos, e bens secundários que têm valor somente de meios. Mas a *ideia* platônica, sendo transcendente, não pode jamais tornar-se uma *espécie* do bem, nem mesmo dos bens que são tais por si mesmos. A espécie, com efeito, é forma imanente nas coisas, princípio do seu desenvolvimento.

38. Ou a ideia é um dos bens por si mesmos, e então é real, porém não mais uma noção comum (uma generalidade); ou então ela só é o bem por si mesmo, e nesse caso se torna inútil a espécie dos bens que são tais por si mesmos (não haveria outro bem fora dela).

39. E como noção ou conceito geral não se pode tampouco aceitar a Ideia. Tome-se, por exemplo, a noção da *brancura*: nesta, a neve e o alvaiade, embora sendo coisas diversas por outros aspectos, enquanto são *brancas* coincidem. Mas o prazer, a honra, a sabedoria (os três gêneros de vida lembrados anteriormente) não têm a mesma noção do bem em comum, sendo, enquanto bens, de todo diversos. Em resumo, o autor trata a *Ideia* de Platão como um princípio vazio e indeterminado, semelhantemente ao Uno ou Ente da escola eleática, e nega que possa valer, nem como princípio na ciência das ações humanas, nem como princípio real nas coisas que contribuem para a felicidade do homem. Esta é, para o autor, o verdadeiro e concreto "bem em si", que atua, em primeiro lugar, naqueles bens que são tais "por si mesmos".

Todavia, nesse caso, em que sentido se chamam todos igualmente bens? Não parece que se trate de uma casual homonímia. Será então porque dependem de um único bem? Ou então porque concluem todos em um único bem? Ou antes se chamam tais por analogia, como quando se diz que a inteligência é na alma o que a vista é no corpo, e assim outra coisa semelhante noutra?[40, 41]

No entanto talvez seja melhor, por hora, deixar estas coisas de parte: a diligente investigação de tais coisas pertence, talvez, mais propriamente a outra parte da filosofia; e igualmente a consideração da Ideia. Se igualmente existe certo bem que seja único e se predique em comum, isto é, tal que, separado dos outros, por si mesmo seja bem, é óbvio que não poderá jamais ser praticado nem possuído pelos homens: e nós aqui, de contrário, procuramos outro bem que não os desta sorte.

Mas talvez pareça a alguém que a cognição de tal bem seja vantajosa para conhecer aqueles que se podem conseguir com a ação porque, tendo-a por modelo, conheceremos melhor também aqueles que para nós são bens e, conhecidos, poderemos consegui-los de modo melhor.

O raciocínio tem, em realidade, alguma verossimilhança, mas não parece acordar com as ciências, todas as quais, visando a algum bem e buscando aquilo que para alcançá-lo ainda falta, não curam de modo algum do conhecimento de tal bem. Contudo, não é razoável que semelhante auxílio seja ignorado e negligenciado por todos os artífices. E é bem duvidoso que se tenha avantajado na sua arte um tecelão ou um artesão que conheça "o bem em si", ou então que seja melhor médico ou melhor capitão aquele que contemplou "a Ideia mesma".[42]

---

40. O autor remete, naturalmente, à *Metafísica* a ulterior discussão da teoria. Aqui o que mais importa, e é decisivo, é que a Ideia platônica, sendo "separada", não pode explicar as coisas que o homem considera como bens; e sendo, enquanto Ideia, mero objeto de pensamento especulativo, não pode ser posta em prática: não é atividade, princípio de ação. Ao contrário, o objeto da Ética é precisamente este.

41. *Homônimas*: denomina o autor aquelas coisas que só têm o nome em comum, e natureza diferente.

42. Alguns notaram que aqui o autor faz a Platão uma objeção que pode valer, outrossim, contra a sua *Ética*, de que nem o artífice nem o médico tirarão vantagem. Mas não se perca de vista que para o autor todo o nosso conhecimento se origina da experiência, e que a arte, por sua vez, se adquire com a experiência mediante a generalização do dado, de sorte que, na verdade, nenhuma arte, ou ciência prática, pode beneficiar-se de um princípio posto para além do mundo da nossa experiência.

Evidente que o médico não considera a saúde deste modo, porém considera a saúde do homem, ou antes, melhor ainda, aquela deste homem, porque o que ele tem a seu cuidado é o indivíduo.

E disto baste o que já se disse até aqui.

[9. A felicidade tem que ser um bem perfeito e bastante por si.]

LIVRO I, 7

[1097a15] VOLTEMOS NOVAMENTE A PROCURAR que coisa é o bem. Porquanto ele não aparece igual nesta e naquela ação, nem nesta ou naquela arte: diferente é na medicina e diferente na estratégia, e por aí adiante de igual modo. Que coisa é, pois, em cada uma o bem? Não será talvez, aquilo por causa de que se fazem todas as outras coisas? Isto é, na medicina, a saúde; na estratégia, a vitória; na construção, a casa; noutra coisa, outra: aquilo, pois, que em toda ação e a todo propósito é o fim; porque em vista deste os homens operam o resto. Destarte, se para todas as ações há um certo fim, ele será o bem prático; e se existem vários fins, o bem será estes fins. Assim, de raciocínio a raciocínio chegamos ao mesmo ponto. Portanto devemos, agora, esforçar-nos para esclarecê-lo melhor.

Parece que os fins sejam vários, mas já que almejamos alguns por causa de outros (por exemplo, as riquezas, as flautas e, em geral, os instrumentos), é manifesto que nem todos são perfeitos; o sumo bem, ao contrário, parece ser coisa perfeita.[43] Assim, se houver um único fim que seja perfeito, este será o bem que se procura; se existirem vários, será o mais perfeito dentre eles. Aquele que é procurado por si mesmo o denomino de mais perfeito do que aquele que se procura por causa de outro; e aquele que nunca é desejado por causa de outro, chamo-o mais perfeito do que aqueles que podem ser queridos, já por si mesmos, já por causa deste; em breve, absolutamente perfeito é aquele fim querido sempre por si mesmo e nunca por outro. Talvez parece ser mais do que qualquer outra coisa a felicidade: a esta, de fato, queremo-la sempre por si mesma, e nunca por outra coisa. A honra, o prazer, a inteligência e todas as virtudes se querem, sim, também por si mesmas: queremos cada uma dessas coisas, mesmo que delas nada provenha; porém, as queremos também tendo em vista a

---
43. *Perfeito*, em grego *tèleion*, de natureza idêntica ao *telos* (fim).

felicidade, pensando podermos ser felizes por meio delas. Mas ninguém quer a felicidade por causa destas, nem em geral outra coisa.

À mesma conclusão parece que se chega partindo do conceito de "bastar por si", pois consideramos que o bem perfeito seja bastante por si.[44] E chamo de "bastante por si" não o bastar só àquele que vive uma vida solitária, senão também aos genitores e aos filhos e à mulher e, em geral, aos amigos e cidadãos, já que o homem é naturalmente um ser político. Contudo, em tal coisa se põe certo limite: porque quem a estendesse aos genitores, descendentes e amigos dos amigos, iria ao infinito. Mas isto consideraremos a seguir; por ora estabeleçamos que basta por si aquele bem que sem outro torna a vida preferível, e à qual nada falta; tal se estima seja a felicidade e é para além de todos os bens o mais digno de ser desejado, sem que esteja enumerado entre eles. Se tu, de fato, o enumerasses entre estes, é evidente que, unido a outro bem, seja mesmo o mais tênue, tornar-se-ia mais desejável: porque aquele que se acresce o faria um bem maior, e, dos bens, aquele que é maior é sempre o mais desejável.

Donde a felicidade aparece como um bem perfeito e bastante por si, sendo o fim de todas as ações.

[10. O conceito da felicidade tem que ser tirado do conceito da atividade humana em sua perfeição.]

Mas, dizer que a felicidade é o maior dos bens talvez pareça coisa com que todos estão de acordo, e espera-se que ainda se diga mais claramente o que seja.

Isto se fará facilmente, se se puder tomar a obra[45] que é própria do homem. Pois que, como para o tocador de flauta e para o estatuário e para todo artífice, e em geral para todos aqueles a quem alguma operação é peculiar, na obra consiste a sua bondade e perfeição, assim acontecerá também com o homem, se para tanto houver alguma obra peculiar a ele. Uma vez que existem certas obras e ações próprias do artesão e do sapateiro,

---

44. O sumo bem deve ser coisa tal que por si só seja suficiente para fazer feliz.
45. Obra (*ergon*) indica conjuntamente a coisa e a operação, o ideal a realizar e a tarefa de o realizar. O homem, enquanto homem, tem esta obra por cumprir: realizar o conceito mesmo do homem. Este será para ele o bem perfeito (a sua "bondade e perfeição"). Note-se o procedimento indutivo ao modo socrático, pelo qual se procede dialeticamente a uma determinação sempre maior do conceito de felicidade.

não haverá porventura alguma do homem, ou terá sido gerado ocioso? Ou então, como do olho e da mão e do pé e, em suma, de cada um dos membros se vê existir alguma obra, assim não julgaremos nós haver, além de todas estas, também uma obra qualquer que seja própria do homem? E qual, pois, será ela? O viver, não, que é comum também às plantas, e nós procuramos aquela própria do homem. Ponha-se, assim, de parte a vida de crescimento e de nutrição. Seguir-se-á uma vida sensitiva, mas também ela é comum ao boi e ao cavalo e a todo animal. Resta, então, a existência de uma vida ativa daquela parte racional.[46, 47, 48] Mas, desta, uma parte é racional enquanto obediente à razão, e a outra porque a possui e pensa. Mas considerando-se de duas maneiras também a vida desta, tome-se aquela que existe em ato, que com maior direito merece tal nome.

Logo, a obra do homem é a atividade da alma[49, 50] segundo a razão, ou, pelo menos, não privada de razão. Afirmamos, portanto, que é do mesmo gênero a obra do homem e a do homem excelente: não de outro modo que a do citaredo e a do bom citaredo; e assim em todos os casos, sem exceção, se acrescentarmos a excelência da virtude à obra de cada um (a obra do citaredo é tocar a cítara, a do bom citaredo é tocá-la bem). Se assim ficam ditas as coisas, e ponhamos que a obra do homem é uma certa vida, e esta não seja outra coisa que a atividade da alma e ações conjuntas com a razão, diremos que é próprio do homem excelente obrar bem e com beleza. Se, pois, cada coisa é levada à perfeição da virtude que lhe é própria, também

---

46. *Racional*: seja no sentido de que "é" a própria razão, e seja no sentido de que pode seguir a razão (e pode, assim, também contrastá-la). (Vide nesta obra, *Segunda Parte*.)

47. Veja-se que a "razão", no sentido da "faculdade de raciocinar", não corresponde à *razão* entendida modernamente, à qual se aproxima mais o *nous*, a mente, a inteligência ou a faculdade de intuir os princípios eternos do real e as verdades primeiras.

48. Aqui se quer salientar, demais, a diferença entre *hábito* e *atividade*. O hábito está, por assim dizer, entre a *potência* e o *ato*: por exemplo, se eu ignoro a matemática, tenho a mera *potência*; quando eu a tenha aprendido, porém durmo, tenho o *hábito* daquela ciência, não a *atualidade* dela: esta se acha somente no *ato* em que estudo e penso a matemática. (Vide nesta obra, *Segunda Parte*.)

49. *Alma* é o princípio inteiro da vida: àquela vegetativa se acrescenta a vida sensitiva no animal, e a racional no homem. "Segundo a razão" é a atividade, quer da parte racional, e quer daquela que se lhe submete ao governo. A expressão "não privada de razão", e a que vem depois "conjuntas com a razão", querem, ao inverso, acentuar o elemento extrarracional da ação.

50. Ponto capital é aquele, aqui dado, de *virtude* entendida como excelência e perfeição de todas as coisas. Tenha-se presente na palavra moderna o conceito antigo.

a perfeição do bem humano deverá ser colocada na atividade da alma seguindo a virtude; e se várias são as virtudes, naquela que é conforme à virtude ótima e perfeitíssima. Acrescenta-se: em uma vida perfeita.[51] Porque, assim como uma só andorinha ou um só dia não faz verão, igualmente um só dia ou um curto espaço de tempo não faz o homem beato e feliz.

Deu-se, deste modo, em esboço o conceito do bem, e nem se há de exigir maior precisão, não a suportando o assunto.

[11. Confronta-se e confirma-se este conceito com as opiniões filosóficas e vulgares mais em voga.]

LIVRO I, 8

[1098b10] DEVE-SE CONSIDERAR A FELICIDADE não só pelo que se concluiu e pelas razões de que partiu o nosso discurso, como igualmente pelas coisas que dela se costuma dizer. Pois com a verdade concordam todas as coisas que a ela convêm; do falso, ao invés, a verdade logo discorda.[52]

Portanto, tendo sido os bens divididos em três espécies,[53, 54] aqueles chamados externos, aqueles da alma e aqueles do corpo, dizemos que os da alma são bens mais propriamente que os outros e em sumo grau. E as ações e os atos derivados da alma, atribuímo-los à alma. De modo que falaremos bem seguindo esta opinião, que é antiga, e com a qual os filósofos concordam. E ainda se disse, justamente, que certas ações e certos atos são o fim; destarte, vêm a achar-se entre os bens da alma, e não entre os externos.

---

51. Em uma vida perfeita. Cf. nota 43: aqui soma-se a ideia do tempo, desejando-se que a felicidade seja uma condição durável.

52. Recorda o princípio de identidade e condição, como norma suprema da coerência dialética.

53. A divisão já se encontra em Platão (*As Leis*, 743e) [obra disponível em *Clássicos Edipro* (N.E.)].

54. Também o conceito de *alma* (*psyche*) não corresponde exatamente ao moderno, porque, se dele excetuarmos a inteligência divina, ela não é para o grego um termo de oposição a *corpo*. Segundo o autor, antes, corpo e alma se correspondem como matéria e forma, potência e ato. Assim, a divisão pode reduzir-se de três a duas: *bens da alma* e *bens exteriores*, contando aqueles do corpo (por exemplo, a saúde, o vigor, a beleza), ou entre os primeiros, enquanto convêm à virtude ética, ou entre os segundos, enquanto estranhos ao valor propriamente moral das ações (cf. *Ética a Eudemo*, 1218b32) [obra disponível em *Clássicos Edipro* (N.E.)].

Concorda com isso também o que habitualmente se entende chamando homem feliz quem bem vive e bem obra; pois que a felicidade é pouco mais ou menos isto: viver bem e bem obrar.

E também as condições que se costuma exigir para a felicidade, parece que se encontram todas elas naquilo que foi dito. Pois alguns a repõem na virtude, outros na sabedoria, outros em certa sapiência; alguns, a estas condições, ou a algumas delas, querem unido o prazer, ou pelo menos que não seja excluído; alguns outros incluem, também, a prosperidade exterior. Dessas opiniões, parte tem muitos e antigos fautores; parte, poucos, mas celebrados: dos quais uma e outra parte é de crer que não errem inteiramente, mas que em alguma coisa pelo menos, ou até em muitíssimas, falem com retidão.

Concorda-se, pois, o meu discurso com quem diz que a felicidade é a própria virtude ou certa virtude: pois que à virtude pertence a atividade a ela conforme.[55] A diferença, e não pequena, reside, quiçá, no estabelecer se o maior bem está na posse da virtude ou de sua exposição, da disposição virtuosa ou da manifestação real da virtude, posto que pode acontecer existir o hábito sem que cumpra nada no uso dela, no hábito ou no ato.[56] Por exemplo, em quem dorme ou de outro modo semelhante permanece ocioso. Mas com a atividade virtuosa não pode ser assim: ela deve, necessariamente, obrar e obrar bem. E assim como nas pugnas olímpicas não são os mais belos e mais robustos os laureados, senão aqueles que lutaram (porque entre eles estão os vencedores), igualmente, também, as belezas e os bens da vida são alcançados somente por aqueles que agem retamente.

---

55. Lembre-se que aqui estamos em um ensaio preliminar de ideias, que serão, em seguida, elaboradas mais claramente. Das opiniões correntes, o autor aceita a parte que lhe parece justa, isto é, que a felicidade é um bem espiritual (1); que, todavia, também o favor das circunstâncias é necessário (2); que ela é dada pela virtude (3); que não é desacompanhada do prazer (4); e que no cumpri-la também concorrem os bens exteriores (5). Do simples confronto saltam aos olhos algumas discrepâncias que será tarefa do discurso ulterior esclarecer (os conceitos de virtude e de prazer). Mas o acordo sumário é para o autor boa prova de ter achado o ponto justo para a solução do problema.

56. Que o autor tenha em vista escolas e doutrinas então muito conhecidas, vê-se facilmente. Mas, escasseando os documentos, talvez seja melhor não confiar demasiado. Aqui, por exemplo, se refere a Espeusipo, que definira a felicidade como um "hábito perfeito" e a Xenócrates (outro chefe de escola da antiga Academia), que a definira como "posse da virtude apropriada". Não *hábito*, diz o autor, mas felicidade tem de ser *atividade*, uso, portanto, não simplesmente posse.

E a sua vida é aprazível por si mesma.[57] Em verdade, o sentir prazer é coisa da alma, e, portanto, a cada um é aprazível a coisa de que se diz aficionado: o cavalo, ao aficionado de cavalos; o espetáculo, ao aficionado de espetáculos, e, do mesmo modo, também a justiça a quem a ama e, no geral, as coisas conformes à virtude a quem é amante da virtude. As coisas, todavia, que aprazem ao vulgo contrastam entre si, porque tais coisas não são por natureza aprazíveis; aos amantes do honesto, ao invés, aprazem as coisas que são aprazíveis por natureza. De tal feito são as ações conformes à virtude, e, portanto, aprazíveis a tais pessoas e são aprazíveis por si mesmas. A vida delas não necessita do prazer como de um apêndice ornamental, porém tem o prazer em si mesma. Pois que, além das coisas já ditas, não é tampouco homem bom quem não goza das belas ações; e tampouco se pode chamar justo quem não goza ao praticar a justiça, nem liberal quem com as ações liberais não goza. E quanto aos outros, igualmente.

Se assim é, serão aprazíveis por si mesmas as ações conformes à virtude. Ademais, serão também boas e belas, e cada uma destas qualidades em sumo grau, se for verdade que delas julga bem o homem excelente; mas julgue ele bem, dissemos. Ótima coisa, pois, e belíssima e aprazibilíssima é a felicidade, nem tais qualidades estão nela separadas, segundo diz o epigrama de Delos:

> *Das coisas, a mais bela*
> *é a mais justa, assim como a melhor*
> *é o ser sadio; a mais doce,*
> *é, por natureza, alcançar o que amas;*

porquanto estas coisas se encontram todas nas mais excelentes atividades; estas, pois, ou então aquela dentre elas que é a mais excelente, digo eu ser a felicidade.

Isso não obstante, está claro que ela tem necessidade, aos demais, igualmente dos bens externos, sendo impossível, ou pelo menos não sendo fácil, que opere egrégias coisas quem estiver privado de meios. Existem muitas coisas que se não podem operar, se não tivermos, à guisa de instrumentos, amigos, riqueza e poder político; por alguns, pois, a quem faltam, a sua felicidade é turbada; por exemplo, nobreza de nascimento,

---

57. O verdadeiro prazer é, para o homem, aquele que lhe corresponde à natureza racional (no significado já perfeito). Assim, também o prazer dos sentidos, quando não está em contraste com a razão ou desacompanhado dela (como nos animais).

boa descendência e beleza. Uma vez que quem é inteiramente disforme de aspecto não pode de modo algum se tornar feliz, nem quem é de vil nascimento, ou só e sem filhos; e talvez seja ainda pior se alguém tiver filhos ou amigos péssimos; ou então, tendo-os bons, tenham-lhe morrido. Logo, parece, como se disse, que o homem feliz necessite também de uma prosperidade de tal espécie. Donde alguns colocarem a boa fortuna a par com a felicidade.

Reduzir, todavia, a felicidade à fortuna não é justo; verdade que ela é bem tão grande que parece quase dom divino, mas precisamente por isso não se deve atribuir ao acaso. Depois, consistindo a felicidade na atividade da alma virtuosa, quase todos estão em condição de a conquistar. Não depende, pois, do azar, mas da nossa atividade. É prova disso também o caráter político do homem, que, somente com a educação, vivendo no Estado, pode atingir a perfeição própria. E logo, a felicidade própria. Todavia, há algo de justo na opinião combativa. Quem, tendo vivido feliz por algum tempo, caia depois em desventura, como se diz de Príamo, será chamado feliz? Não parece. Por isso, antes se põe como condição da felicidade uma vida perfeita e realizada sob todos os aspectos. – E então ninguém deverá, enquanto viver, chamar-se feliz, segundo o dito atribuído a Sólon? – Mas, neste caso, ficaríamos a duvidar se até após a morte a alternância das honras e desonras, da boa ou má fortuna dos nossos filhos, não poriam sempre em perigo a nossa felicidade. Cabe, assim, levar em tanta consideração tão instável elemento que faria da felicidade algo continuamente variável?

[12. A felicidade do homem verdadeiramente virtuoso.]

LIVRO I, 10

[1100a10] ENTÃO, ANDAR EMPÓS ÀS FORTUNAS não é, de modo algum, coisa sensata?[58] É que não consiste nelas o viver bem ou mal, mas

---

58. O autor quer a felicidade subtraída à flutuação da fortuna. Tal condição durável ele encontra no conceito da felicidade posta na atividade da alma. Mas, já que a verdadeira atividade ele repôs na atualidade, como pode a felicidade ser contínua no homem? Contínua será nos seres superiores (os beatos). É verdade, mas, de outra parte, como o conceito de virtude como *hábito* que tende continuamente ao ato, daremos à virtude aquele caráter estável pelo qual não se poderá dizer tampouco que o homem perca, deslembrando quase, os frutos do seu operar e a permanente possibilidade de ser feliz. As *ciências*, aqui referidas, são aquelas que se fundem nas sempre mutáveis sensações. Cf. nota 34, *in fine*.

delas tem necessidade a vida humana como por acréscimo; onde a felicidade, qual verdadeiro amo, senhoria, são as atividades conformes à virtude, e do estado contrário as contrárias. Antes, a nossa sentença recebe por igual uma confirmação da questão presente. Pois que em nenhuma das obras humanas se encontra tanta firmeza quanto nas atividades que estejam conformes à virtude: elas parecem ser até mais estáveis que a ciência. E dentre elas próprias, as mais dignas de honra são também as mais estáveis, porque nestas passam a sua vida os beatos, mais que em todas as outras e sem nenhuma interrupção. E aqui se vê a causa por que delas não se olvida jamais.

Achar-se-á, então, no homem feliz aquilo que se procura, e ele será tal durante a vida: pois que sempre ou então com preferência a qualquer outra coisa, encaminhará a obra e a mente às ações virtuosas e suportará galhardamente os azares da fortuna, em tudo e por tudo como convém: daquele, precisamente,[59] que é verdadeiramente bom, tetrágono irrepreensível. E muitos acasos trazendo-lhe a fortuna, diferentes pela grandeza ou pequenez, é manifesto que a modesta prosperidade e assim igualmente a medíocre adversidade de fortuna não lhe serão de grande monta na vida; a grande, pois, e assaz boa fortuna bem lhe poderá fazer mais beata a vida (sendo tal coisa apta por natureza a acrescer-lhe ornamento; e o seu uso se torna então honesto e belo); de contrário, a fortuna adversa reduzirá a vida beata a angústias e a ruínas, provocando padecimentos e impedindo muitas atividades. Não obstante, também em tais infortúnios resplende a honestidade, quando alguém os suporta, mesmo que graves e muitos, de ânimo sereno: não por insensibilidade, mas porque generoso e de ânimo forte. E se as atividades são o senhor da vida, como se disse, nenhum dos beatos[60] pode tornar-se miserável, porque não operará jamais coisas odiosas ou vis. Sendo verdadeiramente bom e sábio, achamos que deve suportar todas as contingências de fortuna dignamente, e obrar sempre do melhor modo que as circunstâncias lho consintam, não diferentemente do modo

---

59. *Aquele, precisamente*: o "homem verdadeiramente bom", e "tetrágono irrepreensível" são palavras de Simônides, citado em *Protágoras*, 339b [obra disponível em *Clássicos Edipro* (N.E.)]. Donde bem se vê que o tom polêmico é contra Platão, o qual sustenta que o homem justo permaneceria feliz até em meio às mais atrozes desventuras e perseguições (*A República*, 361c) [obra disponível em *Clássicos Edipro* (N.E.)].

60. *Beato*, repetido aqui e alhures, é um termo mais forte do que "feliz". A beatitude é de Deus, dos seres celestiais e, até certo ponto, dos homens que vivem a vida filosófica e moral.

por que um bom capitão deve usar o exército, de que dispõe, da maneira mais útil na guerra, e o sapateiro, das peles que recebe, fazer os calçados mais belos que pode, e assim por diante quanto a todos os demais artífices.

Se assim é, nunca se tornará miserável o homem feliz;[61] tampouco, todavia, será ele beato, se incorrer nas calamidades de Príamo. E tampouco será versátil e facilmente mutável, porque não será facilmente movido da felicidade, nem de qualquer infortúnio que seja, porém daqueles que sejam grandes e muitos, dos quais não voltará feliz em breve tempo, mas, se tal se der, em um tempo longo e perfeito, durante o qual se haja tornado capaz de coisas grandes e belas.

[Conclui-se que a felicidade pode ser conseguida pelo homem, contanto que se entenda como uma felicidade humana. Acerca, pois, das fortunas e desventuras dos pósteros, não parece bem dito que ao homem feliz nada importem, mas é duvidoso que o mesmo aconteça ao homem feliz após a morte.]

---

61. Sendo a felicidade o estado mais alto e mais durável da alma, não é fácil conquistá-la, mas tampouco, adquirida, perdê-la (e, perdida, readquiri-la).

SEGUNDA PARTE

A VIRTUDE

SEÇÃO I

A VIRTUDE ÉTICA

LIVRO I, 13

[1. Quanto importa ao político o conhecimento da alma.]

[1102a5] JÁ QUE A FELICIDADE[62] é atividade da alma conforme à virtude perfeita, deve-se proceder ao exame da virtude: talvez deste modo possamos entender melhor também o que seja a felicidade. À virtude vê-se também o homem verdadeiramente político dar toda a sua atenção, porque ele quer fazer os cidadãos bons e obedientes às leis.[63] Exemplo disto,

62. Tendo definido a felicidade como ato da alma conforme à virtude, antes à virtude perfeita, empreende agora a análise científica da definição. A virtude apresenta-se com um desenvolvimento correspondente ao desenvolvimento da alma. Virtude *física* será aquela que nos provém da natureza (*physis*), que temos em comum com todos os seres viventes. O ínfimo grau de virtude será, logo, aquela que se exercita na esfera sensitiva, a qual, tendendo à ação, se chama *apetite*. Mas, como no processo cognoscitivo a sensação, por si, não poderia fundar o conhecimento se a inteligência (*nous*) não lhe iluminasse a opacidade, assim aqui a alma apetitiva deve ser seguida pela razão, a fim de que se gere o primeiro grau de virtude propriamente humana. Este primeiro grau recebe o nome de *virtude ética*. Ao conhecimento científico corresponde, pois, na atividade prática, o grau superior da *virtude dianoética*, onde se exercita de imediato a racionalidade da alma.

63. Vimos que o homem (exceto a atividade puramente teórica) pressupõe, para a vida prática, o Estado. Aqui surgem e cobram valor os juízes de aprovação e de reprovação que formam objeto da consideração ética. A moralidade realiza-se no Estado porque nele se adquire, com a educação, o *ethos* ou costume. A educação é estabelecida pelas leis, as quais indicam o escopo da comunidade civil. O homem de Estado deve representar o governo da razão, moderadora suprema da conduta humana que, de outro modo, seria presa dos cegos e desordenados impulsos da animalidade.

temo-lo nos legisladores de Creta e de Esparta;[64] e uma vez que o estudo da virtude é o estudo do político, claro está que a pesquisa deverá ser feita segundo o que desde o princípio nos propomos. E devendo-se proceder ao exame da virtude, entende-se que da virtude humana: pois o bem que procurávamos é humano, e humana é a felicidade que se buscava. Virtude humana chamo eu não a do corpo, mas a da alma, e por felicidade entendo uma atividade da alma. Assim sendo as coisas, é óbvio que o político deve saber de algum modo o que diz respeito à alma: não de outro modo que aos olhos ou a outra parte do corpo, quem deverá curá-los: antes, tanto mais, quanto a política é mais honrosa e mais excelente do que a medicina. Dentre os médicos, os melhores se dedicam ao estudo de muitas coisas referentes ao conhecimento do corpo. Logo, deve também o político especular acerca da alma. Especular a seu respeito tendo em vista o fim já mencionado e quanto baste para o que se procura, uma vez que uma investigação mais diligente e ampla é talvez empresa muito mais grave do que o requeira a presente matéria.

[2. As partes da alma.
Distinção das virtudes em éticas e dianoéticas.]

Igualmente, nos raciocínios exotéricos são ditas suficientemente algumas coisas da alma das quais devemos agora fazer uso.[65] Por exemplo, que dela há uma parte privada de razão e uma parte racional. Que estas, pois, sejam distintas como as partes do corpo, e como todas as coisas que se podem separar; ou então sejam duas idealmente,[66] mas não aptas por

---

64. Licurgo, em Esparta; Minos deu as leis a Creta. O exame das suas Constituições se encontra no Livro II de *A Política*. Deles faz o elogio também Platão, em *As Leis*.
65. *Exotéricos*, vide nota 27. Outros entendem: *nos discursos estranhos*, ou seja, estranhos à escola aristotélica: nos escritos da Academia. Contudo, não se pense nos livros do *Da Alma* [obra disponível em *Clássicos Edipro* (N.E.)], onde a sua mencionada divisão da alma em partes é combatida e superada definitivamente pelo novo conceito do desenvolvimento (donde não se deve falar de *partes*, porém de *graus* do seu desenvolvimento). Aquela divisão, platônica na essência, teria sido formulada assim pela primeira vez por Xenócrates. O autor, embora mostrando claramente que para ele não se trata de divisão, mas de distinção, aceita a participação porque praticamente basta ao escopo, mas depois, com um pequeno tratamento dialético, acomoda-a até dar-lhe nova forma.
66. *Idealmente*, abstratamente.

natureza a serem divididas, assim como há na circunferência o convexo e o côncavo – presentemente não faz nenhuma diferença.

E da parte privada de razão, uma igual à comum ou vegetativa; refiro-me àquela que é causa da nutrição e do crescimento. Seja esta faculdade da alma, que se pode atribuir a todos os seres que se nutrem, até aos embriões, a mesma também nos seres perfeitos,[67] pois sendo mais racional, seja ela a mesma antes que uma diversa. Logo, a virtude desta faculdade se mostra comum e não própria do homem.[68] Tal parte e tal faculdade parece que seja ativa especialmente durante o sono. Mas o homem bom e o homem mau durante o sono não se distinguem de modo algum; daí costumar-se dizer que em metade da vida os felizes não são diferentes dos infelizes. E isto acontece verossimilmente, porque o sono é inércia da alma enquanto se diz boa ou má: a menos que certos movimentos da vigília de algum modo os penetrem um pouco e, destarte, sejam melhores os sonhos dos homens de bem que os de quem quer que seja. Mas basta disto, e deixe-se de parte a faculdade nutritiva, já que por natureza não é partícipe da virtude humana.

Ora, há ainda uma outra faculdade da alma que parece desprovida de razão, embora, de certa maneira, dela participe. Porquanto, no homem temperante e no homem intemperante, nós louvamos a razão, isto é, a parte da alma dotada de razão.[69] Na verdade, é a razão que lhes recomenda justamente a melhor conduta. Mas, segundo a opinião comum, percebe-se também uma espécie de instinto que repugna a razão, combate-a e enfrenta-a. Do mesmo modo, depois de um ataque de paralisia, os membros respondendo mal a uma vontade de executar um movimento para a direita, o executam para a esquerda. Exatamente o mesmo acontece com a alma: os impulsos dos que não têm domínio sobre si mesmos vão em contrário do que desejam. É bem verdade que nos corpos se descobre a parte que desvia, e na alma, não. Mas nem por isso se deve descrer de que também na alma haja talvez uma parte fora da razão, que se lhe contradiz e opõe. Nem importa aqui dizer de que modo seja tal parte diferente.

---

67. *Seres perfeitos*: a vida (natural) se mostra, assim, como um desenvolvimento das formas elementares às supremas, de um mesmo princípio que se desenvolve por lei própria.
68. Acerca do assunto escreveu o autor em *De somno et vigilia*. *De insomniis, de divinatione per somnum*, que figura entre os *Parva Naturalia* [obra disponível em *Clássicos Edipro* (N.E.)].
69. *Contrárias*, à razão. Lembra, no Fedro, o figurar a alma como um auriga que conduz um carro tirado por dois cavalos, um bom e outro mau.

Que, pois, ela participe igualmente da razão, como se disse, é manifesto; obedece, decerto, à razão do homem temperante e forte, porque em todas as coisas está em uníssono com a razão.[70, 71] Onde aparece de dois modos também a parte privada de razão: uma vegetativa, que de nenhum modo se comunica com a razão; a outra, que possui a faculdade de cobiçar[72, 73] e, em geral, de apetecer, dela participa de certo modo, enquanto lhe dá ouvidos e a segue. E desta maneira, precisamente, consideramos o atender às razões do pai e dos amigos, diversamente daquelas da matemática.

Que de certo modo obedeça à razão a parte que dela está privada, indicam no também as advertências e todas as censuras e exortações.[74] E se igualmente conviesse chamar racional esta parte, fora então a parte racional constituída de duas maneiras: uma, soberanamente e em si mesma; a outra, que lhe dá voluntariamente ouvidos, como se deve dar à voz do pai.

Semelhantemente, a virtude se distingue segundo esta diferença: das virtudes, algumas chamo dianoéticas e outras éticas: dianoéticas, a sapiência,[75] a inteligência e a prudência; éticas, a liberalidade e a temperança. Quando, de fato, falamos dos costumes de alguém, não dizemos ser

---

70. O *continente* segue a razão, mas com esforço, porque a parte apetitiva resiste quanto pode à submissão. Nisto ele é inferior ao homem *temperante* e forte, cujos desejos já estão compostos em completa harmonia com a razão.

71. O particular da razão significa, logo, *obedecer-lhe*, ou melhor *estar em harmonia com ela*.

72. *Apetite* é o nome geral de toda parte irracional por si, porém racional por participação. Nela, pois, o autor distingue, mais determinadamente, o *cobiçar* (ou desejo ardente), ademais em contraste com a razão; o *ímpeto* ou *ousio*, que dificilmente obedece à razão (por exemplo, na ira); e *querer*, o propriamente dito, que é o apetite desejoso de seguir a razão.

73. *As razões do pai*, seguem-nas os bons filhos, não porque se entendam, mas porque estão persuadidos de que aquele é o seu verdadeiro bem. Na matemática não tem cabida a persuasão, porém a demonstração, não a obediência, mas o entender.

74. Logo, a dialética nos conduz a esta deslocação do esquema psicológico da Academia: não poder a parte irracional ser considerada como toda irracional; nem a parte racional é toda tal com igual direito. Daí a faculdade do apetecer (do desejar, em geral), que, enquanto salva a unidade quebrada da alma, concatenando-se, em cima, com a alma propriamente racional, em baixo, com a alma propriamente irracional, oferecerá ao autor o fundamento para o seu conceito de virtude. Que, depois, não se deite maior luz ao conceito platônico de "participação" e ao conceito ambíguo de "racionalidade" (conforme ser raciocinante e ser racional) – isso depende, em parte, também da natureza do discurso político e popular.

75. A sapiência, ou filosofia, por si mesma – como especulação – está fora da consideração moral (os seus atributos são o verdadeiro ou o falso, não o bom ou o mau); mas pode havê-la incluído, considerando-a como um estado da alma, um hábito que aperfeiçoa quem o possui (considerando não a *filosofia, porém, o filósofo*).

sapiente ou inteligente, mas sim brando de ânimo ou temperante; e louvamos também o sapiente, referindo-nos ao hábito: que nós chamamos virtudes aqueles hábitos que merecem ser louvados.

LIVRO II, 1

[3. A virtude não é da natureza, nem contra a natureza.]

[1103a15] SENDO A VIRTUDE DE DUAS ESPÉCIES, uma dianoética[76, 77] e outra ética, a dianoética, ademais, gera-se e acresce por via do ensinamento, e tem por isso necessidade de experiência e de tempo; ao invés, a virtude ética provém do hábito (*ethos*: donde também o seu nome). Mas daí é igualmente manifesto que nenhuma das virtudes éticas se gera em nós por natureza.[78] Nenhum, com efeito, dos seres naturais toma hábitos diversos: por exemplo, a pedra, levada pela natureza para baixo, nunca se habituaria a alçar-se para cima, mesmo que alguém, para habituá-la, a atirasse para o alto dez mil vezes; tampouco o fogo jamais iria para baixo, nem nenhum outro dos seres naturais poderia nunca ser habituado de outro modo. Logo, as virtudes não se geram nem por natureza nem contra a natureza, mas nascem em nós, que, aptos pela natureza a recebê-las, nos tornamos perfeitos mediante o hábito.

[4. Nas coisas naturais a potência precede o ato; na prática, o ato precede a virtude.]

Ademais, de quantas coisas nos sobrevêm naturalmente, delas trazemos anteriormente em nós a potência, e depois exteriorizamos os atos. Tal coisa se evidencia nos sentidos: em verdade, não adquirimos o sentido da vista ou do ouvido por ter visto e ouvido muitas vezes; pelo contrário, tendo-os, usamo-los, e não os obtemos com o uso. Mas as virtudes adquirimo-las tendo sido antes ativos, assim como acontece também nas artes.

---

76. Para a virtude dianoética é necessária a maturidade mental (cf. nota 15).
77. Cícero, o primeiro ou entre os primeiros que traduziu "ético" por *moralis*: *Quia pertinet ad mores, quot ethos illi vocant, nos eam partem philosophiae de moribus appelare solemus, sed decet augentem linguam latinam nominare moralem* (*De facto*, I, I).
78. A virtude é criação (não é um dado); nem nos é imposta de fora, porque a capacidade dela está em nós.

Pois as coisas que primeiro é preciso aprender para fazê-las, aprendemo-las fazendo-as: desta maneira, construindo nos tornamos construtores; tocando a cítara, citaredos. E assim, de igual modo, tornamos-nos justos, operando coisas justas, temperantes, e fortes, operando coisas fortes.

Disto dá fé igualmente o que acontece nas cidades, onde os legisladores fazem bons os cidadãos e quantos não o levam a bom termo, erram: daí também a diferença entre uma cidade e outra, uma bem ordenada, e outra desordenada.

[5. Nós conquistamos a virtude com o exercitar-nos em atos virtuosos.]

Ainda: toda virtude (e assim toda arte) se gera e perece dos mesmos atos e mediante os mesmos atos: de tocar a cítara surgem os bons e os maus citaredos. Analogamente, quanto aos construtores e todos os demais, construindo bem, tornam-se em seguida bons construtores; construindo mal, maus. Se assim não fosse, não haveria nenhuma necessidade do mestre, porém todos nasceriam bons ou maus. O mesmo vale, justamente, também para as virtudes, pois que no modo de agir nas relações com os homens nos fazemos uns justos, outros injustos; e no modo de agir nos perigos, habituando-nos a temer ou a ousar, tornamo-nos alguns fortes e outros vis. E igualmente no que respeita às cobiças e às iras: uns se tornam sábios e mansuetos, outros intemperantes e irascíveis: segundo se comportam, naqueles, alguns de um modo, outros de outro.

Em uma palavra: os hábitos derivam dos atos de idêntica natureza. Há mister, pois, de atentar para a qualidade dos atos que cumprimos, porque consoante a sua diferença resulta a diferença dos hábitos. E não é de pouca monta que alguém esteja habituado desde jovem desta ou daquela maneira, antes pelo contrário é de enorme importância, e até vem a ser tudo.

[Um tratado de moral não pode ser teoria pura, há de ter em mira a prática. Tampouco se podem dar regras estáveis, porque cada um deve tirar do exame das circunstâncias particulares a regra para a ação. Não obstante, convirão algumas considerações. Vale dizer, é de mister guardar-nos de excessos e sermos moderados em todas as coisas, especialmente nos prazeres. Desde que a virtude resulta de justa medida em cada ação, ela, por sua vez, torna fácil observar a justa medida: abstendo-nos dos prazeres sensuais, tornamo-nos temperantes: uma vez temperantes, podemos abster-nos mais que os outros. E, todavia, a mostra de haver conquistado uma virtude é o prazer que com ela provamos. Donde a necessidade, já reconhecida por Platão, de sermos educados desde a primeira juventude em regozijar-nos e doer-nos daquilo que convém, pois que o homem bom sente prazer em fazer o bem, e o mau o sente em fazer o mal. Não se deve, portanto, combater o prazer, pois ele torna colorida a nossa vida, tanto assim que todas as nossas ações têm por norma, mais ou menos, o prazer ou a dor. Antes, pelo contrário, deve dar-se muita importância ao prazer, e determinar-lhe o justo uso. Assim que se pode dizer que todo discurso ético e político versa acerca do prazer e da dor.]

[6. O ato é virtuoso se cumprido com disposição virtuosa.
Isto distingue a virtude das artes e das ciências.]

LIVRO II, 4

[1105a15] MAS ALGUÉM PODERIA DUVIDAR quanto ao sentido em que dizemos que para se tornar justo é preciso operar coisas justas,[79] e para se tornar sábio, coisas sábias. Quem, de fato, opera coisas justas e sábias já é justo e sábio, assim como quem exercita a gramática e a música[80] já é gramático e músico.

Ou, porventura, não sucede assim nas artes? Com efeito, pode acontecer que alguém faça alguma coisa de gramático, ou por acaso, ou por sugestão de outrem. Mas será um gramático somente quando fizer alguma coisa de gramático e o fizer gramaticalmente, isto é, segundo a arte gramática que possui em si mesmo.[81, 82]

Em acréscimo, não se dá a mesma coisa com as artes e com as virtudes: as coisas produzidas pela arte têm o seu mérito em si mesmas, de modo que basta fazê-las valiosas de certo modo. Ao invés, não basta que as ações

---

79. Ser justo é ter já o hábito virtuoso: praticar coisas justas *pode acontecer também a quem não possui tal hábito virtuoso.*
80. *Música: mais geralmente* as "belas-artes", às quais presidem as Musas.
81. *Em si mesmos, é dizer,* realizando a forma que tem na sua alma; de outro modo, realizará a forma que está na alma de um outro, digamos, do seu mestre.
82. *A fortiori,* portanto, vale o argumento para a virtude, pela qual, diferentemente da arte, se exige a disposição moral do agente (*o modo por que operam os homens justos*). Este é um dos trechos mais característicos da Ética aristotélica: quem lhe introduzisse os conceitos da consciência moral moderna se meteria em um círculo sem saída.

virtuosas tenham certas qualidades para que sejam feitas com justiça e temperança; mas se faz preciso, ainda, que quem as opera, opere conduzindo-se de certa modo: primeiramente, sabendo bem o que faz; depois, com propósito, ou antes com o propósito de fazer o que faz; em terceiro lugar, que, operando, a sua vontade seja firme e não mude. Tais condições, exceto a do saber, não se reúnem pela aquisição das artes. Ao contrário, para a aquisição das virtudes, pouco ou nada vale o saber,[83] ali onde as demais disposições não valem pouco, ou antes são tudo: as quais, precisamente, nos impelem a cumprir muita vez ações justas e temperantes. Dizem-se, pois, justas e temperantes aquelas ações, quando sejam tais, quais o homem que é justo ou temperante as cumpriria; e justo e temperante não é somente quem tais coisas opera, mas quem as opera também do modo por que operam os homens justos e temperantes. Bem se diz, pois, que ao operar coisas justas o homem se torna justo, e ao operar coisas temperantes o homem se torna temperante. E a ninguém, que as não opere, poderá nunca suceder que se torne bom.

Todavia, a maioria, sem obrar, se refugia nos raciocínios, e acredita filosofar e se tornar assim homens bons, imitando nisso aqueles doentes que ouvem atentamente os médicos, mas não fazem nenhuma das coisas prescritas.

Portanto, assim como estes, curando-se de tal modo, não obterão nenhum benefício para o corpo, assim aqueles, de tal modo filosofando, o não obterão para a alma.

[7. A virtude não é um afeto nem uma potência, mas um hábito.]

LIVRO II, 5

[1105b15] CABE, AGORA,[84] CONSIDERAR que coisa é a virtude. Assim, pois que três são as coisas que têm sua geração na alma: afetos, potências

---

83. *Pouco ou nada vale o saber* etc.: não é por oposição ao conceito de virtude como ciência em gênero, mas de virtude como arte ou habilidade: por isso a derrisão dos filosofantes, que com raciocínios retóricos acreditavam ensinar a virtude. São os Sofistas, cf. Livro X, 4.
84. Aqui se altera um tanto bruscamente o tom da investigação, ou, por melhor dizer, retoma-se desde o início a pesquisa, mas sob outro aspecto. Que coisa seja a virtude, mostrou-se resolvendo-a no conceito de *ato*: o hábito intervém para formar a nossa *constituição moral*, para não desperdiçar o fruto da nossa atividade. Mas o hábito não é mera habilidade de fazer coisas justas; justo é quem opera e opera justamente. Ora, ao invés, a virtude é vista não

e hábitos, a virtude será uma destas. Denomino afetos o desejo, a ira, o temor, a confiança, a inveja, a alegria, o amor, o ódio, a tristeza, o zelo, a piedade: genericamente, aquilo a que se segue prazer ou dor.[85, 86, 87] Denomino potência aquelas coisas pelas quais somos capazes de sentir aqueles afetos; por exemplo, enquanto podemos encolerizar-nos, ou afligir-nos, ou apiedar-nos. Hábitos, afinal, considero aqueles segundo os quais nos portamos bem ou mal com relação aos afetos; por exemplo, se violenta ou debilmente com respeito à ira, portamo-nos mal; se comedidamente, bem; e assim quanto aos outros afetos.

Portanto, nem as virtudes, nem os vícios são afetos, porque pelos afetos não somos chamados nem bons, nem maus, mas sim pelas virtudes ou vícios. Ademais, os afetos não nos atraem louvores nem censuras (já que não se louva nem quem teme, nem quem se encoleriza, e tampouco se censura quem simplesmente se encoleriza, mas quem se encoleriza de certo modo); ao inverso, segundo as virtudes ou os vícios, somos louvados ou censurados. Ademais, nós nos encolerizamos ou atemorizamos sem propósito deliberado, ao passo que a virtude é certo propósito deliberado, ou pelo menos, não existe sem ele. Além disso, dizemos que os afetos nos movem; quanto às virtudes e aos vícios, não dizemos que por eles sejamos movidos, mas que nos achamos em certa disposição. Pelas mesmas razões, não são sequer potências, porque não se diz sermos nem bons nem maus pelo simples poder de sentir afetos; tampouco somos por isso louvados,

---

mais na sua atividade, porém na sua imutabilidade, e o hábito é a disposição psicológica que todo indivíduo adquire defronte dos fatos da sua sensibilidade. Aquela disposição é vária de indivíduo a indivíduo, como as sensações. E como no discurso reconhecemos nas palavras as nossas sensações, condensando-as em uma fórmula geral, assim, aqui se elabora formalisticamente a variedade individual em esquemas ou tipos de disposições louváveis (*as virtudes*) que encabeçam uma mesma lei: a do *justo meio*. Resolve-se deste modo (dialeticamente) a questão, em Platão, muito discutida, da unidade ou multiplicidade das virtudes, as quais pelo conteúdo são uma multiplicidade, pela forma compõem uma unidade.

85. Para a distinção, cf. *Categorias*, 8b25 ss. [In: *Órganon* [obra disponível em *Clássicos Edipro* (N.E.)].

86. As virtudes, como se mostrou já na polêmica com Platão (Livro VI), são *qualidades* do homem, que as adquire e possui com os hábitos. Estes são considerados como disposições estáveis, ou, pelo menos, não fáceis de mudar (também nós falamos assim do *caráter*, e distinguimo-lo do *temperamento*, que corresponde ao que o autor aqui chama de *potência*, ou disposição natural).

87. *Afetos*: termo muito usado para significar os estados mutáveis de todo ser (os Escolásticos traduziram também com *passiones*, que em português costuma ter outro significado).

nem censurados. Além disso, as potências nos são dadas pela natureza; ora, pela natureza não somos feitos nem bons nem maus. Mas disto já se falou antes. Em conclusão, se as virtudes não são nem afetos nem potências, resta que sejam hábitos.

LIVRO II, 6

[1106a15] O QUE É A VIRTUDE EM GÊNERO, já se disse. Mas não basta dizer que é um hábito.[88] Há mister dizer também que hábito seja.

[8. A virtude é a perfeição do ato propriamente humano.]

Diga-se, portanto, que toda virtude aperfeiçoa a boa conduta daquele ser de quem é virtude, e torna-lhe valiosa a obra.[89] Por exemplo, a virtude dos olhos faz os olhos bons e boa a sua obra: porque pela virtude dos olhos vemos bem. Semelhantemente, a virtude do cavalo faz o cavalo bom, brioso na corrida e no montá-lo o cavaleiro e deter o ímpeto inimigo. E assim é para todas as coisas, também a virtude do homem será um hábito porque é feito bom o homem, e boa é feita a obra que lhe é própria. Como esta deverá ser, já o dissemos.

[9. Em que sentido se diz que a virtude é um meio entre dois extremos.]

Mas se nos mostrará claramente também deste modo, isto é, se observarmos aquelas qualidades peculiares à virtude.

Em toda coisa, contínua ou divisível, pode-se tomar o mais, o menos, o igual; e estes, ou com respeito às próprias coisas ou em relação a nós. O igual é certo meio entre o excesso e a falta. Denomino meio das coisas o igualmente distante de um e outro extremo, o qual é um só e o mesmo em todas. Denomino meio com respeito a nós aquilo que nem sobeja nem faz falta, e este não é o único nem o mesmo para todos. Por exemplo, se dez é muito e dois é pouco, toma-se o seis como meio com respeito à coisa:

---

88. Dado o gênero (hábito), resta agora a diferença específica.
89. Todas as virtudes são ordenadas teleologicamente para a perfeição humana: isto é, para a realização daquela que se diz (Livro I, 7) "a obra" própria do homem. A sua hierarquia corresponde à das partes psicológicas, descritas anteriormente.

em igual medida, de fato, é superior e é superado. Este meio é conforme à proporção aritmética.[90] Todavia, quanto a nós, o meio não se deve tomar deste modo, porque, se para alguém o comer dez minas é muito e duas minas é pouco, o mestre de ginástica não lhe prescreverá seis minas, podendo acontecer que também isso seja muito ou pouco para quem o deva receber: para Milão[91] é pouco, para um principiante de ginástica é muito. Igualmente com respeito ao jogo da corrida e da palestra. Desse modo, exatamente, todo sábio foge ao excesso e à falta, busca o meio, e a este dá preferência: o meio, digo, não da coisa, mas em relação a nós. E se toda ciência de tal modo cumpre a sua obra, visando ao meio e a este endereçando as obras (motivo pelo qual das obras perfeitas costuma-se dizer que nada há que tirar ou acrescentar, reputando que o excesso e a falta corrompem a perfeição, e a mediania a conserva); se, como digo, os bons artífices, mirando a isso, fazem suas obras, a virtude, que é par com a natureza, de todas as artes a mais difícil e melhor, bem deverá tender ao meio. Entendo, da virtude ética:[92] que ela versa acerca dos fatos e das ações, onde ocorre o excesso e a falta e o meio.

Por exemplo: do temor, da ousadia, do desejo, da ira, da piedade e, em geral, do prazer e da dor há um mais e um menos, ambos imperfeitos; mas no sentir aqueles afetos quando convém, e naquilo que convém, e para com quem convém, e por fim do modo conveniente, consiste no meio e na excelência próprios da virtude.

Nas ações, do mesmo modo, dá-se o excesso, a falta e o meio.

Logo, a virtude versa os afetos e ações, nos quais o excesso é erro e a falta é censurada, porém o meio neles se enquadra com justeza, e é louvado: e estas duas condições são próprias da virtude.

---

90. O devenir natural é o mundo do movimento e da quantidade, o mundo da matéria: assim, o gênero de cada coisa é fixado por uma proporção dos elementos que a compõem, de modo que nem excedam nem faltem. Este é o meio da coisa, em si, de que as coisas simples se abeiram mais ou menos, consoante a sua perfeição natural. Neste sentido também se diz que a arte imita a natureza. O mundo das ações é considerado aqui do mesmo modo (note-se a semelhança dos termos em grego: *praxis* é a ação; *pragma*, a coisa): a ação típica constitui a virtude perfeita. Mas, com respeito a nós, aquele tipo se adapta, segundo a imperfeição individual. Esta é a tarefa das ciências práticas (por exemplo, da medicina). *Proporção*: hoje se chama série em progressão aritmética.
91. *Milão*, grande atleta e glutão famoso.
92. A virtude ética é o tipo perfeito da nossa natureza sensível, e é como que outra natureza por nós adquirida com a educação. Donde a sua superioridade sobre a arte, que não vai além da imitação.

Em conclusão, a virtude é certa medianidade, como a que ao meio dirige a sua mira.

Ajunte-se que se pode errar de muito modo (porque o mal é do infinito, para usar uma imagem dos pitagóricos, e o bem é do finito),[93] mas a retidão é de uma só espécie: e, entanto, uma coisa é fácil e a outra difícil, fácil de errar a mira, difícil de atingir o alvo. Também por esta razão conduzem ao vício o excesso e a falta: à virtude, a mediania.

Logo, é a virtude um hábito de propor-se o que consiste na medianidade para nós, determinada com a razão e como o homem sábio a determinaria.[94] E é uma mediania entre dois vícios, um por excesso e outro por falta: porque, enquanto dos vícios alguns faltam e outros excedem da medida conveniente, quer nos afetos quer nas ações, a virtude, ao invés, encontra e escolhe o meio.

[10. Em que sentido a virtude não é meio, porém extremo.]

Por isso, segundo a substância e aquele raciocínio que declara a essência,[95, 96] a virtude é uma mediania; mas, com respeito ao sumo bem e à perfeição, ela é o mais alto ponto. – Nem toda ação, nem todo afeto admite a mediania, porque de alguns o próprio nome já abrange a depravação, como a malevolência, o despudor, a inveja: e, dentre as ações, o adultério, o furto, o homicídio. Todas essas coisas e outras semelhantes são censuradas porque são perversas por si mesmas, e não porque constituam excessos ou faltas. Nelas não têm jamais cabida a retidão, mas sempre o erro. E nelas o bem ou o não bem não consiste no quando e como e com quem a pessoa cometa adultério, mas, absolutamente, fazer seja qual for daquelas

---

93. Na série pitagórica dos princípios, o *um* está da parte do *bem*; o *mal* da parte do *multíplice* (cf. nota 35).
94. Esta é a conhecida definição dialética da virtude. A *sabedoria* (Vide nesta obra, *Seção III*.) é o hábito de determinar caso por caso as ações que devemos cumprir.
95. *Essências abstratas*, prescindindo da matéria (afetos e potências), onde vive a substância, a vida concreta de toda ação simples.
96. O *sumo bem e a perfeição*. Na esfera empírica, a virtude é mediania, equilíbrio perfeito entre paixões opostas. Ao invés, olhando a virtude não como estado, porém como ato, como vida, é o bem: o bem não é uma mediania entre os vícios, mas incisiva oposição (extremidade) ao mal, e contínua vitória sobre ele. Mas o autor, neste trecho, não vai tão longe: limita-se à concepção teleológica, pela qual a virtude, sendo suma perfeição do agir, é, não mediania, porém, "sumidade".

coisas é um erro. O mesmo se diga de quem acreditar que na injustiça, na vileza, na intemperança se dê mediania, excesso e falta; porque, em tal caso, haveria uma mediania de um excesso e de uma falta, e um excesso de um excesso, e uma falta de uma falta. Mas como da temperança e da fortaleza não existe nem excesso nem falta, porque o meio é de certo modo extremo, assim daquelas não existe meio, nem excesso ou falta, porém, como quer que se obre, se erra. Em suma, do excesso e da falta não há mediania; nem da mediania, excesso ou falta.

[Isto, da virtude em universal, mas, na prática, convém passar ao exame das virtudes em particular, mostrando como sendo uma medianidade entre dois extremos viciosos. Exemplificando, a fortaleza está em meio à audácia e à covardia; a temperança, entre a prodigalidade e a avareza etc. Os dois extremos são contrários ao meio, e mais ainda entre si: por exemplo, o corajoso se opõe de uma parte ao covarde, de outra ao temerário, de sorte que o covarde lhe dá o nome de temerário, e o temerário dá-lhe o de covarde; mas a distância entre os extremos é máxima, e assim máxima é a contrariedade. Ao inverso, em certos casos o meio se encontra mais próximo de um extremo do que de outro, qual a coragem, que está mais próxima da audácia que da covardia: a causa disto é dúplice, uma depende da natureza das próprias coisas, a outra de nós, que somos levados naturalmente mais para um extremo do que para outro. – Mas atingir o justo meio é coisa difícil, assim como achar o centro do círculo não é dado a todos, mas somente a quem o sabe. A virtude, portanto, é difícil. O encolerizar-se, o dar, o gastar etc., é fácil a cada um, mas já não é dado a cada um, nem fácil, estabelecer a quem se deva dar, e quando e como, e para que fim. O bem é raro, e por isso o louvam. O melhor conselho que se pode dar é o de estudar as inclinações que nos arrastam mais fortemente para um extremo oposto: não sendo nós outros levados a este, mais facilmente alcançaremos o meio. Assim fazem aqueles que buscam um equilíbrio. De resto, os conselhos são sempre insuficientes porque, versando as ações acerca das coisas em particular, jamais podem ser exatos.]

Seção II
Análise do Ato Prático[97]

Livro III, 1

[1. O princípio da ação está sempre em nós.]

[1109b30] EXISTINDO A VIRTUDE COM RELAÇÃO aos afetos e às ações, e sobrevindo o louvor e a censura nas coisas feitas voluntariamente, onde

---

97. Na primeira seção examinou-se a virtude ética; a virtude dianoética ver-se-á na terceira seção. Nesta se examina a ação, enquanto união da faculdade apetitiva com a intelectiva: é dizer, o ponto onde a razão se enxerta no apetite. Este dualismo de princípios de todo heterogêneos (um teórico, o outro prático; um consciente, o outro inconsciente) é a fonte primeira de todas as dificuldades da Ética aristotélica, e também daquela posterior (como agora se verá, o autor já lhe tentou a solução). Tenha-se presente, de qualquer modo, o critério psicológico posto com a partição da alma, e evitar-se-ão os subentendidos a que pode dar motivo esta seção. O problema do livre-arbítrio ou da liberdade do querer não acharia seu lugar aqui. Ele se apresentou mais tarde, com a escola estoica. Isto não impede que existam no autor muitos pontos que serviram, depois, àquele problema. Geralmente, o que nós chamamos *vontade* não figura no autor. Ela é limitada à esfera do apetecer (de modo que o querer, para o autor, equivale ao nosso *desejar*). Mas nesta, como se disse, há uma parte que contrasta a razão, ou então somente com esforço a obedece (a cobiçar e ousar); outra há, ao invés, que tende absolutamente ao bem, e assim à racionalidade. Esta é a vontade: que é a faculdade do fim. O fim é já dado (este é o ponto mais importante, mas também o mais obscuro de todo o discurso). Coerente com a sua posição imanentística e unitária (segundo o conceito seu, entende-se), o autor põe no próprio agente o fim, cego e opaco no apetite, luz e consciência no *nous*. Quando o *nous* ilumina o mundo da contingência se chama *dianoia*, faculdade de pensar ou raciocinar (ou *logos*, se em traje de raciocínio discursivo), a qual, quando se refere à prática, toma o nome de "razão prática", cuja virtude é a sabedoria ou prudência. A razão prática exerce o seu ofício com a deliberação e com a escolha dos meios que conduzem ao fim, que o apetite, por si, não poderia conseguir.

às involuntárias[98] se concede o perdão e, às vezes, até a piedade, é talvez necessário, a quem indaga sobre a virtude, definir o voluntário e o involuntário. Também aos legisladores será isto útil no que diz respeito às honras e aos castigos. Parece, pois, que involuntárias sejam as coisas que se fazem à força ou por ignorância.[99] Forçado é aquilo cujo princípio está ao de fora e tal que, assim quem obra como quem suporta, em nada contribuam: como se o vento levasse alguém a qualquer sítio, ou homens que dele se tenham apoderado. Mas há de se duvidar que sejam voluntárias ou involuntárias quantas coisas se fazem por temor de males piores, ou por uma causa honesta, como se um tirano ordenasse fazer alguma coisa má, o qual fosse amo dos teus genitores e dos teus filhos: se tu a fizeres, estarão salvos; se não, morrerão. Dúvida idêntica ocorre também quando, no caso de tempestade, se deitam as próprias coisas ao mar: ninguém existe que, falando absolutamente,[100] as tire de vontade própria; mas para se salvarem a si mesmos e aos outros o fazem todos quantos têm entendimento. Tais ações são mistas, contudo se parecem mais às voluntárias: pela razão de serem escolhidas no momento em que se fazem, e o fim da ação[101, 102] ser sempre conforme às circunstâncias. Do voluntário e do involuntário, portanto, deve falar-se no momento da ação: esta se faz espontaneamente, porque o princípio do movimento dos órgãos em tais ações se acha em nós mesmos. Mas aquelas coisas cujo princípio está em nós, em nós está igualmente o operá-las ou não as operar. Ações que tais são, pois, voluntárias, embora, absolutamente, sejam talvez involuntárias, porque ninguém há que escolhesse o fazê-las por si mesmas.

Por ações desta espécie às vezes são também louvados aqueles que suportam alguma coisa de torpe ou doloroso, para conseguir algum grande bem; e aqueles que agem contrariamente são censurados. Pois que é pró-

---

98. Traduziu-se por *voluntário* e *involuntário*, mas entende-se da voluntariedade que caracteriza o apetite: a questão é, portanto, de *espontaneidade* ou *não espontaneidade* (em latim: *sponte, invitus*) do *apetecer*. Espontâneo é o ato apetitivo (a este tende o raciocínio presente), porque o princípio dele está em nós, originariamente.

99. Cf. Dante, *Divina Comédia*, Paraíso, IV, 73-4.

100. *Absolutamente*, abstratamente.

101. *O fim da ação:* da ação, concretamente. Nós, hoje, dizemos que o ato volitivo surge sobre uma base historicamente determinada.

102. O corpo, na vida prática, é um simples instrumento (*órganon*) da alma.

prio do vil suportar as mais torpes coisas sem esperança de conseguir nada belo ou, pelo menos, medíocre. Em certos casos, pois, não sobrevém o louvor, mas sim o perdão, quando alguém tenha operado coisas que não se deve por motivos tais que ultrapassem a natureza humana e que ninguém suportaria. Antes, a certas coisas nem mesmo é lícito ser constrangido, senão que se deve morrer sofrendo os mais terríveis males; que, em verdade, parecem ridículas aquelas necessidades que induziram o *Alcmeão*[103] de Eurípedes ao matricídio. Por vezes é difícil discernir que coisa se deva preferir a outra e que coisa suportar em vez de outra; porém mais difícil ainda é permanecer firme nas resoluções tomadas, porque, o mais das vezes, não há que esperar senão dores, e, de outra parte, aquilo a que se é constrangido é coisa torpe: de onde se fazem, ou não se fazem, merecedores de louvor e de censura aqueles que são constrangidos a agir.

Quais ações, pois, se devem chamar forçadas?[104] Serão, simplesmente, aquelas em que as causas são exteriores a nós e em que o executante não tem nenhuma intenção de tomar parte na ação? Ora, aquelas ações que, mesmo involuntárias por si mesmas, são preferidas a outras, neste momento, e cujo princípio está no agente, são, sim, involuntárias por si mesmas, mas neste momento e em confronto com as outras são voluntárias. E com as voluntárias muito se parecem, visto que as ações sucedem nos casos particulares, e nestes são feitas voluntariamente. Mas quais delas e a quais se devem preferir, não é fácil declarar, sendo muita a diferença nos casos particulares.

Se alguém afirmasse que as coisas belas e agradáveis forçam (porque nos constrangem de fora), tudo seria de tal modo forçado, porque mercê daquelas operam todos cada coisa.[105] Pois, quem opera por força e contra

---

103. *Alcmeão*: cf. Dante, *Divina Comédia*, Purgatório, XII, 49-51, e Paraíso, IV, 103-5.
104. Este é um ponto fundamental para a concepção do concreto e do particular da ação.
105. O termo grego tem significado tanto ativo como passivo: forçado e forçante. E não nos esqueçamos também que "belo" tem sentido estético e, ao mesmo tempo, moral; assim como "aprazível" pode ser um prazer sensual ou então moral. Com essas considerações se compreenderá com maior clareza o que diz o autor, visando, em suma, a isto: que o apetite é o princípio das nossas ações, de sorte que nós somos a causa das ações boas e igualmente das más: das boas, quando o apetite obedece à razão, das más, quando as contrasta e desobedece. Mas quem quisesse aprofundar-se mais, ver-se-ia em um labirinto mais intricado do que o de Ariadne, porque, quando se está quase a tocar o mundo do sujeito, onde somente tem significação o conceito de responsabilidade, o autor recai na contingência objetiva, que dá às coisas particulares os mesmos valores do sujeito.

a vontade, opera com sofrimento; quem por um motivo aprazível e belo, com prazer. Logo, fora ridículo acusar aquilo que é exterior, e não a si mesmo por fácil de ser presa de tais coisas, e das obras honestas pôr a causa em si mesmo, das torpes, nas coisas aprazíveis.

Parece, portanto, digno de aprovação que forçado é aquilo cujo princípio se encontra de fora, para nada contribuindo quem é forçado.[106]

[Outra condição a fim de que o ato seja voluntário é que o agente possua conhecimento dos particulares, aos quais se refere a ação. A ignorância do universal, ou daquilo que se deve operar, pode ser causa de maldade, e não de involuntariedade. Para ser a ação involuntária, deve provocar dor e pesar em quem a cometeu. – Voluntário igualmente é o agir dos outros animais e das crianças, movidos por paixões ou desejos. Mas estes afetos formam parte das ações do homem, de modo que, embora irracionais, não são, a tal respeito, menos humanos que os outros.][107]

[2. O propósito e sua relação com o apetite e com a opinião.]

LIVRO III, 2

[1111b5] DEFINIDOS O VOLUNTÁRIO E O INVOLUNTÁRIO, segue-se que tratemos do propósito, visto que parece ele coisa toda própria da virtude e melhor critério para julgar os costumes, do que as ações.[108, 109]

Que o propósito seja voluntário, parece claro; contudo, não é a mesma coisa, porque o voluntário se estende mais: o voluntário é comum também às crianças e aos outros animais, mas o propósito, não; e aquilo que

---

106. Logo, a voluntariedade é entendida somente como independência de causas exteriores. A voluntariedade no sentido moderno é, ao inverso, um livre determinar-se do sujeito interiormente.

107. O apetite no homem é um desejar, e o desejo implica no conhecimento (*ignoti nulla cupiditas*). Daqui parte o problema da relação entre o conhecer e o querer. Este problema se apresenta, primeiro, em termos negativos (se a ignorância for causa de involuntariedade); depois, mais amplamente, em termos positivos na análise, que ora segue, do processo deliberativo. A discussão desenvolve-se, naturalmente, nos termos próprios do autor, e concluirá nisto: que o conhecer (o conhecimento das *coisas*) é necessário, mas não suficiente para explicar o ato volitivo.

108. O propósito é obra da razão prática, que, após ter consultado sobre o que fazer, indica o caminho que o apetite há de seguir.

109. *Melhor critério*: cf. Livro II, 4. A *ação* aqui é aquela vista também em Livro II, 4.

se faz de improviso, chamamo-lo voluntário, porém não dizemos que é feito com propósito.[110] Não é provável tampouco que falem com razão aqueles que dizem ser cupidez[111] ou ímpeto, ou desejo, ou certa opinião. – Pois que o propósito não é comum também aos seres irracionais, como a cupidez e o ímpeto. E o intemperante age, sim, por cupidez, mas não com propósito; de contrário, o temperante age com propósito, não por cupidez. A cupidez se contrapõe ao propósito, não uma cupidez a outra. Ainda: a cupidez é do aprazível e do não aprazível, o propósito nem de um, nem de outro. – Tanto menos, pois, é ímpeto: já que o que se faz por ímpeto não parece minimamente conforme a um propósito. – Mas não é tampouco desejo, se bem que dela apareça muito vizinho, pois do impossível não existe propósito, e se alguém dissesse propor-se tal, faria papel de doido. Ao invés do impossível há o desejo, por exemplo, da imortalidade.[112] Depois, o desejo é também daquelas coisas que, por quem as quer, não podem de modo nenhum ser operadas, em exemplo, que alcance a vitória um histrião ou atleta qualquer; ninguém, ao contrário, se propõe coisas semelhantes, mas só aquelas que estima poder fazer ele próprio. Acrescente-se que o desejo é, antes, do fim; o propósito, ao inverso, é das coisas que respeitam ao fim. Por exemplo, queremos ser sãos, e nos propomos meios de ser sãos; dizemos querer e queremos ser felizes, mas dizer que isto façamos por propósito é disparate, pois se afirma que o propósito seja, em geral, das coisas que de nós dependem.

Nem sequer pode, portanto, ser uma opinião, já que a opinião parece existir em torno de todas as coisas, em torno das eternas e das impossíveis, não menos que das pertinentes a nós; depois, ela se distingue em verdadeira e falsa, não em boa e má, como, antes, se distingue o propósito. Logo, que ele seja a mesma coisa que a opinião em geral, talvez ninguém o diga; mas nem é uma opinião particular tampouco. – Visto que adquirimos certas qualidades[113] com o propormo-nos o bem ou o mal, não com o termos

---

110. A espontaneidade (o ser originário, não derivado em nós do exterior) pertence ao ato do propósito, não menos que ao apetite.
111. Por cupidez (cobiça) e ímpeto (impulsos, ou como quer que se queira traduzir este e outros termos referentes ao apetite), lembre-se das observações presentes em Livro I, 13.
112. *Imortalidade*: neste lugar, significa simplesmente *isenção da morte*.
113. *Qualidades, virtudes e vícios.*

deles uma opinião. E propomo-nos conseguir, ou evitar, ou outra coisa semelhante; mas opinamos sobre o que uma coisa é, ou a que convém, ou de que modo, e acerca da consecução, ou do evitar não opinamos de modo algum. – Além disso, louva-se o propósito antes quando é daquilo que se deve, ou por ser reto; a opinião, de contrário, enquanto é verdadeira. – E nos propomos aquelas coisas que sabemos acima de todas serem boas; ao contrário, temos opinião daquilo que não sabemos de todo. – Tampouco parece que sejam os mesmos aqueles que formam os melhores propósitos e aqueles que têm as melhores opiniões, antes pelo contrário alguns são melhores no opinar, ao passo que depois preferem, por causa do vício,[114] fazer o que não devem. – Se, pois, a opinião precede o propósito, ou então o sucede, para nós não faz diferença, porque não é disto que estamos indagando, mas sim se o propósito seja a mesma coisa que certa opinião.

Que coisa é, pois, e de que espécie, desde que não é nenhuma das coisas ditas? Coisa voluntária, é evidente. Mas nem tudo o que é voluntário é um ato de propósito. Não será, então, voluntário o que haja sido deliberado primeiro? O propósito, de fato, é acompanhado do discurso e da razão.

E isto parece subentendido no próprio nome de propósito, quase como coisa que é posta por nós diante de outras.

[3. A deliberação existe acerca das coisas que dependem de nós.]

Contudo, delibera-se acerca de toda coisa e toda coisa pode ser deliberada, ou então acerca de algumas não há que deliberar?

Inútil dizer que não é objeto de deliberação aquilo sobre o que talvez um estulto ou um louco deliberaria, porém aquilo sobre o que pode deliberar um homem sensato.

Quanto às coisas eternas, ninguém delibera. Por exemplo, quanto ao ordenamento do mundo, ou quanto ao fato de que a diagonal e o lado são incomensuráveis. – Nem acerca daquelas que estão em movimento, mas sucedem sempre do mesmo modo, seja por necessidade, seja, também, por natureza ou por qualquer outra coisa. Exemplo, o solstício e o nascer do sol. – Nem sobre as coisas que são ora de um modo, ora de outro, como a seca e a chuva. – Nem a respeito daquelas que dependem do acaso, como

---

114. *Por causa do vício*: a razão não basta. Faz-se mister o hábito do bem. Recorde-se do que foi dito, a propósito da necessidade da educação juvenil e da preparação do ouvinte, no princípio (Livros I, III e IV).

encontrar um tesouro. – E tampouco de todos os negócios humanos: nenhum dos espartanos, por exemplo, delibera como os citas poderiam governar-se do melhor modo. Nenhuma destas coisas pode ser feita por nós. Nada mais resta senão deliberarmos acerca das coisas que de nós dependem e são factíveis. Na verdade, chamam-se causas a natureza, a necessidade, o acaso, e depois a mente e tudo quanto é obra do homem. Mas cada homem delibera sobre as coisas que pode ele mesmo pôr por obra.

E das ciências, acerca daquelas que são exatas e a si bastantes, não existe deliberação: em exemplo, quanto aos sinais gráficos (que não há dúvida de como se devam escrever). Mas delibera-se sobre tudo o que, mesmo acontecendo por nosso intermédio, não é sempre de um modo: exemplificando, acerca das coisas da medicina, e do comércio; e da arte do piloto mais do que da ginástica, tanto quanto aquela está ainda mais longe de ser exata. E nas outras artes e ciências, igualmente; porém, nas artes mais ainda que nas ciências, porque naquelas existem maiores incertezas.

Delibera-se, ademais, das coisas que ocorrem ordinariamente, e não se vê como possam concluir, e onde isto é indeterminado. E nas coisas de grande monta, tomamos conselheiros, desconfiando de não sermos capazes da julgá-las por nós mesmos.

[4. Análise do procedimento deliberativo.]

LIVRO III, 3

[1112a20] NÃO DELIBERAMOS TAMPOUCO acerca dos fins, mas sobre aquilo que diz respeito aos fins.[115] O médico não delibera se deverá curar,

---

115. Neste lugar se vê claro a passagem do *nous* à razão prática. O fim absoluto não é objeto de deliberação, porque não pertence à esfera da *dianoia*, ou razão discursiva, mas à do *nous*. A *dianoia* (a deliberação é um raciocínio que versa acerca da prática) *dialetiza* o fim, dele fazendo um *dado* fim (ou uma série de fins dados que encabeçam aquele), e a si o propõe como um problema a resolver. Como faz o geômetra? Decompôs o polígono em triângulos (*análise*) para depois derivar destes as propriedades daquele, procedendo, assim, a uma reconstrução ou recomposição daquilo que havia escolhido (*síntese*). Tal é, igualmente, o procedimento do *Órganon* e da lógica discursiva. Aqui a *dianoia* analisa o fim e o decompõe em uma série de elementos (*os meios*), dos quais o primeiro é tido como a causa primeira ou primeira ação por cumprir, à qual sucedem por ordem as outras ações, até que todas estas se resumam e cumpram no fim particular proposto. (O *nous*, na transição da interioridade à exterioridade, da metafísica à dialética, faz-se empírico e abstrato: torna-se a "obra do homem" em geral, a que se submete a "obra" do médico, do orador, do político etc.).

nem o orador se deverá persuadir, nem o político se deverá fazer boas leis, nem nenhum dos outros delibera acerca dos fins; mas, posto o fim, estuda como e por que meios será atingido. Se os meios são muitos, procura com qual pode alcançar o fim mais facilmente e melhor; se o meio é um só, procura como poderá consegui-lo com ele, e este por meio de qual outro, até remontar à causa primitiva, que é a última a descobrir-se. Assim, aquele que delibera, do modo descrito, parece propriamente que indague e resolva como um problema geométrico. Todavia, nem toda pesquisa é uma deliberação. Não o são, por exemplo, as pesquisas matemáticas. Mas toda deliberação é uma pesquisa, e o que é o último na resolução é o primeiro na atuação.

E quando alguém esbarra com o impossível, renuncia: digamos, se tiver precisão de dinheiro e não lhe for possível obter; mas se lhe parecer possível, colocará as mãos à obra. Possível é o que pode ser feito por nós e o que se faz por intermédio dos amigos é feito de certo modo por nós, porque em nós se encontra o princípio.

Às vezes, o que se procura são os instrumentos; às vezes, o seu uso; e assim em todas as outras coisas; às vezes, procura-se como; às vezes, por meio de quem ou de qual coisa.

Logo, parece justo o que se disse, que o princípio das ações é o homem; que a deliberação existe acerca das coisas que ele próprio pode operar; e que as ações são meios para o fim, já que o fim não pode nunca ser deliberado, mas sim o que diz respeito ao fim.

Tampouco, igualmente, as coisas particulares. Por exemplo, se isto é pão, ou se foi cozido como deve: sendo uma questão de sensação.

Porque se alguém quisesse deliberar sempre, tal conduziria ao infinito.[116]

[5. Gênese do ato prático.]

É a mesma coisa aquela sobre que se delibera e que nos propomos, salvo se aquilo que nos propomos já foi determinado: porque nos propo-

---

116. A deliberação tem, como a demonstração, duas espécies de princípios dados imediatamente: o universal do axioma e o particular da sensação (para os quais, no *Órganon, se remete* à anapodítica ou Metafísica). Logo: dados os *meios* (os particulares) e dado o *fim* (o universal) – aqueles e estes são considerados dialeticamente, como na lógica silogística, um fora do outro, quais *elementos* da ação – a deliberação cumpre uma espécie de *silogismo prático*, que consiste nisto: do fim (premissa maior) descer aos meios (o apropriar-se dos particulares no universal), para, depois, destes remontar àquele com a ação.

mos o que já foi julgado com a deliberação. Cada um, de fato, apazigua com investigar mais além como deva fazer, quando tenha reduzido em si mesmo o princípio da ação, e naquela parte de si que ordena: porque ela é aquela que propõe. Isto se pode ver também nas antigas Constituições, imitadas de Homero, onde os reis anunciavam ao povo o que se propunham fazer.[117, 118]

Logo, se o objeto do propósito é aquilo que, dependendo de nós, apetecemos deliberadamente, o propósito será um apetite deliberativo das coisas a nós pertinentes, pois que, quando nós, com o juízo acerca das mesmas, tenhamos deliberado, apetecemos em conformidade da deliberação.

E baste o que em esboço se disse do propósito, sobre que coisa seja, e que é das coisas que respeitam ao fim.

[6. Bondade e maldade do nosso ato prático.]

LIVRO III, 4

[1113a15] DISSEMOS, AO INVÉS, que a vontade é do fim. Mas, aqui, alguns acham que ela seja do bem; outros, daquilo que parece bom.[119]

Ora, pelo raciocínio daqueles que dizem ser o bem aquilo que se quer, adviria que não se queira o que não é querido com reto propósito (uma vez que, se fosse querido, seria igualmente bom; e, contudo, seria mau neste caso). De outra parte, quem diz que se quer aquilo que parece bom, entende que não seja tal por natureza, mas segundo o que a cada um se lhe afigura: a um, uma coisa; a outro, outra; destarte, em certos casos, estão juntas coisas contrárias.

117. Agora a passagem é da razão prática pura (não se dê nenhum significado kantiano a esta frase) ao ato prático, mediante a intervenção de uma faculdade prática, o apetite, que, irracional por si mesmo, é agora iluminado pela deliberação, e produz de tal modo o propósito, que é o próprio correspondente aristocrático da moderna *vontade*.

118. *A parte que ordena é a razão*. Mas, depois, caso se queira acentuar mais ou menos a autoridade da parte racional em confronto com a irracional ou apetitiva, pode-se traduzir o que se segue com "aquela que propõe" ou com "aquela que forma o propósito", e, pouco depois, para os reis, com "propunham" ou com "se propunham".

119. À opinião socrático-platônica, de que queremos sempre e necessariamente o bem, se opõe que o apetite, para alcançar o bem, deve-se conformar ao deliberado pela razão. De outra parte, à opinião sofística, de que bem é aquilo que tal parece a cada pessoa, contrapõe-se que o bem é tal por natureza (o apetite, por si, não estragado pelos maus hábitos, tende àquilo que é realmente o bem absoluto), mas nem todos julgam retamente acerca do fim, de onde surge a variedade das opiniões. O homem virtuoso julga segundo a *verdadeira opinião*.

Se isto não agrada, não se deve então dizer que absolutamente e segundo a verdade o que se quer é o bem, mas, sim, para cada um o que lhe parece bem? É dizer, para o homem de bem, o que é verdadeiramente bem; para o pusilânime, tudo o que sobrevier? Precisamente como nos corpos: para os bem dispostos são sadias as coisas veramente tais; e para os enfermos, diferentemente. E o mesmo se dá com o amargo, o doce, o quente, o pesado, e assim por diante. O homem de bem julga cada coisa retamente, e em cada uma lhe aparece o verdadeiro. Pois que belas e doces são as coisas próprias ao hábito de cada um. E talvez a maior diferença entre o homem de bem e os outros esteja nisto, que ele vê a verdade nas coisas particulares, como quem é delas a regra e a medida;[120] no vulgo, ao invés, gera-se o engano em virtude do prazer que parece bom e não é, de sorte que procura como bem o prazer, e foge como mal à dor.

[7. Nós somos pais das nossas ações, como o somos dos nossos filhos.]

LIVRO III, 5

[1113b5] ORA, DESDE QUE A VONTADE é o fim – e a deliberação e o propósito são das coisas que respeitam ao fim–,[121] as ações que versam acerca das mesmas serão conformes ao propósito e voluntárias. Mas em torno delas estão os atos virtuosos: logo, a virtude se acha em nosso poder. Mas assim sucede também com o vício, já que onde está em nosso poder o fazer, igualmente está em nosso poder o não fazer;[122] e onde depende de nós o não, identicamente depende de nós o sim. Donde, se fazer o bem está em nós, estará em nós também o não fazer o mal; ou então, se em nós está o não fazer o bem, estará em nós também fazer o mal. Logo, se de nós depende igualmente fazer o bem e o mal, ou não o fazer (e nisto se diz consistir na bondade e na maldade), de nós depende o sermos íntegros ou perversos.

---

120. *Regra e medida*: a alusão a Protágoras é clara. Aquilo que é na lógica a verdade (norma objetiva do verdadeiro e do falso, das opiniões na discussão dialética), é na Ética o "homem probo" (*vir bonus*), que é tal por definição.

121. A discussão seguinte é entoada contra os platônicos, que sustentavam a involuntariedade do vício, consistindo ele na ignorância.

122. Todo raciocínio implica em verdadeiro ou falso (na disputa, sim ou não; na prática, fazer ou não fazer).

O dizer, pois: *"Ninguém é voluntariamente mau, nem voluntariamente beato"*, em parte se aproxima do verdadeiro, em parte do falso. – Ninguém é beato involuntariamente, porém a maldade é voluntária. Se não, deve-se contestar aquilo que aqui se discutiu, e negar que o homem seja princípio e genitor das ações, assim como o é dos filhos. – Se aquilo, ao revés, parece dito justamente, e não possuímos meio de reconduzir as ações a outros princípios[123] fora aqueles que estão em nós, então as coisas cujo princípio está em nós dependem também de nós e são voluntárias.

Disto são válidos testemunhos, já os indivíduos em particular, já os próprios legisladores, os quais castigam e punem aqueles que cometem ações perversas, quando as não tenham feito à força ou por ignorância, de que sejam eles as causas: e honram, ao contrário, quem executa belos empreendimentos: como para incitar a estes e refrear aqueles. E, por certo, não incitam ninguém a operar quantas coisas que são independentes de nós mesmos e que não são voluntárias, pela razão de que o feito a ninguém beneficiaria, por exemplo, o fazer-se persuadir de não sentir calor, ou frio, ou fome, ou qualquer outra afecção semelhante que se queira, já que não a sentiríamos menos por isso. E punem também quem ignora o que faz, quando pareça causa da própria ignorância, donde para quem é ébrio[124] ser a pena dupla, pois que o princípio está nele: era senhor de não se embriagar, e isto foi a causa da sua ignorância.

Punem igualmente aqueles que ignoram alguma das coisas que se encontram nas leis, quando sabê-las é necessário e também fácil. E assim fazem em todos os outros casos, quando apareça como causa da ignorância a negligência, entendendo que deles dependia o não ignorar, sendo senhores de mostrar-se nisto diligentes.

[8. Mas nós somos também filhos das nossas ações.]

Não nego: alguém talvez seja feito de tal modo que não possa ser diligente; mas de ter-se tornado tal, a causa é ele próprio, com o levar uma

---

123. *Outros princípios* seriam a necessidade, a natureza, ou o acaso.
124. *Ébrio*: por esta curiosa lei de Pítaco, conforme *A Política* (1274b18) e *Retórica* (1402b13). A pena para delinquente ébrio era dupla: (1) porque se embriagara; e, (2) porque a embriaguez por ele querida, tolhendo-lhe o conhecimento, fizera-o delinquir. Isto, diz o autor, fez Pítaco mirando mais à utilidade universal do que à indulgência que se deve a quem está bêbado.

vida indolente. E de serem injustos ou intemperantes, a causa está naqueles mesmos que praticam más ações, ou então passam a vida na crápula e em semelhantes coisas. Uma vez que nós somos tais quais os atos que praticamos. E isto se vê claro também naqueles que querem ter êxito em qualquer exercício ginástico ou outra ação: eles perseveram em cumprir atos. É verdadeiramente insensato ignorar que se adquirem hábitos a partir da prática de atos acerca de todas as coisas. E é, assim, incompreensível que quem obra injustamente não queira ser injusto, e quem se abandona à intemperança não queira ser intemperante; se ele opera, com cognição, coisas pelas quais se torna injusto, será injusto por sua vontade. Certo, uma vez que é injusto, nem mesmo que o queira[125] deixará de ser tal, nem se tornará justo. Tampouco o doente, de fato, pode-se tornar são de tal maneira, quando, se isto lhe aconteceu, está doente por sua vontade, por gozar a vida imoderadamente e não dar ouvido aos médicos: então lhe fora lícito a ele não enfermar, mas uma vez que se deixou cair doente, já não lho é: assim como para quem lançou um seixo não é mais possível recuperá-lo, achando-se nele o princípio. Assim também com o injusto e o intemperante: de início lhes era dado não se tornarem tais, e contudo o são por sua própria vontade. Mas, uma vez feitos tais, já não lhes é lícito não o ser.

E não só os vícios da alma são voluntários, como são voluntários também os do corpo em certos homens, a quem se fazem censuras. Ninguém de fato questiona aqueles que são feios por natureza, porém aqueles que são tais por negligência ou falta de ginástica. E igualmente pelo debilitamento ou a falta de um órgão: que ninguém censuraria um cego, sempre que fosse tal por nascimento, ou por uma enfermidade, ou por um golpe recebido, antes se teria piedade dele: mas a quem se tenha tornado tal por abuso do vinho ou por outro descomedimento, cada um o pode censurar. Logo, também dos vícios corporais são censurados aqueles que dependem de nós, e não já aqueles que de nós independem. E assim é, igualmente dos outros vícios, aqueles que são censurados dependerão de nós.

---

125. Não se esqueça que *querer* não significa, aqui, mais que um *desejar*, de modo que, fixado o caráter (como hoje se compreende), não basta, certo, um desejo para mudá-lo, como um doente não pode querer, de fato, ser são, mesmo que deseje. Dever-se-ão cumprir atos contrários ao hábito adquirido por igual tempo e mais, até adquirir o hábito oposto (isto o autor não apresenta).

Logo, se, como dissemos, as virtudes são voluntárias (pois enquanto de certo modo somos nós próprios concausas dos hábitos, de outra parte, das nossas próprias qualidades depende a qualidade do fim que nos propomos), voluntários serão também os vícios, porque a coisa é neles do mesmo modo.[126] Advirta-se, porém, que são voluntárias as nossas ações não no mesmo sentido dos hábitos: das ações somos senhores do princípio ao fim, tendo conhecimento dos particulares em que versam; dos hábitos, ao contrário, somos senhores do princípio, mas depois nos refoge o seu crescimento por meio dos atos particulares, assim como acontece nas enfermidades. Mas, porque estava em nós seguir ou aquele caminho, ou outro, por isso também os hábitos são voluntários.

[Uma vez dito que coisa é a virtude ética e demonstrado o seu caráter voluntário, segue agora a descrição das virtudes particulares. – E antes que a *fortaleza*, a qual não é o desprezo de todas as coisas, a desonra, por exemplo, deve temer-se. Convém temer tudo o que deriva do vício. A real fortaleza mostra-se nos grandes perigos e nos males terríveis. Também o forte os temerá na medida conveniente: o excesso ou a falta na medida gera a temeridade ou a vileza. O maior e o mais belo dos perigos é a morte em batalha, que faz glorioso o forte. Ao invés, dar-se a morte para fugir à pobreza, ou a outras desventuras da vida, é antes uma covardia. – Vem depois a *temperança*, que diz respeito aos prazeres corporais, e não a todos: que nos prazeres da vista e do ouvido ninguém se diz temperante ou intemperante, antes se excede no receber alegria das cores e dos sons; mas especialmente acerca daqueles que são comuns aos outros animais, o gosto e o tato, assim que a intemperança é, dos vícios, o mais execrável, porque nos assemelha às bestas. Todavia, não se deve ser insensível. Mas entre a insensibilidade e o desregramento, o temperante encontra o justo meio; ele não tem o desejo de certos prazeres, antes lhe repugnam; de outros não se aflige, se privado. Busca demoradamente, quando e como convêm, os prazeres que contribuem para a saúde e o bem-estar. – A *liberalidade* é um justo meio de conter-se em relação às riquezas, entendendo por rique-

---

126. Logo: (1) pelas *ações*, quando não seja por inculpável ignorância, somos inteiramente responsáveis, porque o princípio delas está em nós, do começo ao fim; (2) dos *hábitos somos responsáveis* (nós ou alguém por nós, se nos educaram mal) no início; depois, acabam por serem necessários; e, (3) o apetite tende ao fim por sua natureza, mas, não o conhecendo, segundo sejamos virtuosos ou viciosos, aquele fim é bom ou mau.

za tudo aquilo cujo valor se pode representar com dinheiro. O bom uso das riquezas consiste em gastá-las convenientemente, não em custodiá-las, donde os vícios opostos serem a prodigalidade e a avareza. O liberal cuidará dos seus bens não por si mesmos, mas por ter com que se beneficiar: assim, a liberalidade não consiste em dar muito, porque pode ser mais liberal quem menos dá, se provém de patrimônio menor: a liberalidade é julgada na proporção dos cabedais. A avareza é pior que a prodigalidade, também porque quase incurável, e mais sórdida, e mais frequente. A idade e a redução dos haveres trarão o pródigo ao meio. Afim da liberalidade é a *magnificência*, que é um gastar decoroso, com grandeza proporcionada a quem despende e ao fim, em coisas nobres. O magnífico atenta mais a que a obra seja digna do que a quanto custe. A magnificência convém àqueles que reúnem riqueza e dignidade, a quem é adequado fazer despesas com estátuas, pompas, sacrifícios aos deuses, com o aprestamento de coros e de trirremes, com os convites à cidade. – E em grandes coisas se aplicará também a *magnanimidade*. Magnânimo é aquele que se julga digno de grandes coisas, sendo-o em verdade; quem, sem o ser, se julgasse tal, fora estulto; quem é digno de pequenas coisas, se tal, fora considerado sábio, mas não magnânimo. O magnânimo vai empós de uma só coisa: da honra, e das honras prefere aquelas que lhe tributam os bons, mas delas se compraz com moderação, porque sabe que não se dá honra suficiente à virtude perfeita. Não leva em conta as honras das pessoas indignas, e nem mesmo as desonras, as quais não merece. Donde o magnânimo parecer altivo e arrogante. Mas, amigo ou inimigo, declara-se abertamente, franco na amizade ou no desprezo. Não é fácil à maravilha, nem à admiração, nem aos ódios. Fala pouco de si e dos outros. Tem lento o andar, grave a voz, meditado o discurso. – Seguem-se outras virtudes éticas, quais a *brandura*, a *amabilidade*, a *sinceridade* e a *urbanidade* no conversar, e o *pudor*.

  Entretanto, incomparavelmente mais importante é a *justiça*, cujo significado primário e mais geral é de obediência às leis; e, por que as leis ordenam o bem da comunidade civil e as virtudes que tal bem promove, e proíbem as más ações, assim, no seu mais amplo sentido, pode dizer-se que a justiça abarca todas as virtudes, e que ela é a virtude ótima e perfeita: perfeita porque quem a possui pode usar da virtude não só nas coisas próprias, senão também com respeito aos outros todos. Donde o parecer sábia a sentença de Bias, que se experimenta o homem na magistratura.

Em sentido mais restrito, a justiça é de duas espécies: uma se reporta à distribuição das honras, das riquezas e de todas as outras coisas divisíveis entre os cidadãos: a outra, comutativa, regula as aquisições e os contratos. – A justiça distributiva está na igualdade das relações. As honras devem ser dadas na razão do mérito: a repartição mal feita gera a injustiça, porque quem tem mais é uma ofensa a quem tem menos. – A justiça corretiva, ao contrário, está na igualdade aritmética, de modo que as partes tenham igual o proveito ou o dano; a ela não lhe faz diferença que um homem probo tenha sido roubado por um biltre, ou então que sucedesse o contrário. Os culpados são tratados como iguais. E quando um homem sofreu injustiça, o juiz, infligindo a pena, anula a vantagem que o ofensor tem sobre o ofendido. O juiz é de certo modo a justiça feita pessoa. – Logo, o obrar justamente é uma mediania de dois vícios, dos quais um é o fazer injustiça, e outro o recebê-la: destes, é pior o perpetrar injustiça, porque acompanhado de maldade. – Afim da justiça é a *equidade*, que nasce quando a justiça diz respeito a um caso que foge do comum e da generalidade própria da lei; de sorte que a equidade é como uma correção de que a lei, pela sua abstratividade, necessita continuamente.]

SEÇÃO III
AS VIRTUDES DIANOÉTICAS

LIVRO VI, 1

[1. Sendo a virtude mediania determinada pela reta razão, esta deve ser definida.]

[1138b20] DESDE QUE OCORREU DIZERMOS anteriormente[127] que se deve preferir o meio, e não o excesso e nem a falta, sendo o meio determinado[128] pela reta razão, declare-se isto mais distintamente. Em todos os hábitos de que falamos, assim como nos outros, se encontra certo escopo a que visa àquele que é provido de razão, o qual lhe acresce ou diminui as forças; e há, por igual, certa determinação das medianias, as quais, sendo conformes à reta razão, afirmamos estarem entre o excesso e a falta. Mas, assim dita a coisa, mesmo sendo verdadeira, não é de modo algum evidente. Pois também nos outros assuntos, naqueles de que se tem

---

127. Apresentou-se até aqui a virtude ética, nela incluindo o conceito do *justo meio*. Da análise do ato prático resultou que este se compõe de *apetite* e de *razão*: esta dá o justo meio das ações. Considerada em si, a perfeição da parte racional constitui a virtude *dianoética*, que é uma virtude de outra espécie, e representa no indivíduo aquilo que é a lei do Estado: a norma ou máxima do operar. Abrangendo, pois, a parte racional, além da *dianoia* também o *nous*, enumera-se nesta seção igualmente a virtude própria do *nous*, que melhor se chamaria *virtude noética*. A relação entre estas classes de virtude é a mesma daquela posta entre as partes da alma: de onde, se por um lado são distintas, por outro devem constituir a unidade da *virtude humana*.

128. *Determinação*: conforme a definição da virtude ética no Livro II, 6.

ciência, é, contudo, verdadeiro dizer que se não deve afadigar ou repousar nem demais, nem pouco, porém um termo mediano e como a reta razão prescreve. Mas quem vier a conhecer somente isto, não será mais sábio do que antes; assim como se alguém, perguntado com que coisas se deve aprestar o corpo, respondesse: todas aquelas que a medicina ordena e do modo que o médico prescreve. Logo, também acerca dos hábitos da alma é preciso que não só seja verdadeiro o que se disse, senão que seja definida qual é a reta razão e qual a sua determinação.

[2. Distinção da alma racional em científica e discursiva.]

Quando distinguimos as virtudes da alma, denominamos umas virtudes de costume; as outras, da razão. Das virtudes éticas já discorremos; falemos agora das remanescentes, depois de definir algumas coisas sobre a alma.

Que da alma existam duas partes, uma que possui a razão, a outra irracional, já foi dito antes. Agora devemos igualmente subdistinguir aquela que tem a razão.[129] Estabeleça-se, pois, serem duas as partes que têm a razão: uma, com a qual completamos aqueles dentre os seres cujos princípios não se concede que sejam diferentemente; a outra, com a qual conhecemos as coisas que podem ser diversamente, porquanto é necessário que sejam diversas de gênero aquelas partes da alma aptas por natureza a considerar ou um ou outro gênero diverso de coisas, se é verdade que naquelas o conhecimento sobrevém por uma espécie de semelhança e de afinidade. E daquelas partes chame-se uma científica,[130, 131] outra discursiva, porque

---

129. Assim, as partes são, agora, novamente três: *nous, dianoia* e *apetite* (não levando em conta nisto a precedente substituição: cf. Livro I, 8, a parte meramente vegetativa em caso algum é considerada). Dissemos já que o autor não admite *partes* da alma, porém se serve das noções populares ou acadêmicas com escopo dialético. Outro tanto se entenda da teoria que o semelhante se conhece com o semelhante.

130. A ciência se funda em princípios necessários e universais, extraídos não de um raciocínio, porém intuídos direta e imediatamente do *nous*. O raciocinar comum, ao contrário, é um discorrer, ou discutir, de coisas, contingentes e particulares: respeita ao mundo das opiniões, que podem ser verdadeiras ou falsas, e assim também ao dos costumes, que podem ser bons ou maus.

131. Que as faculdades *discursiva* e *raciocinativa* sejam, neste sentido, amiúde consideradas equivalentes, é-lhe a prova, além de numerosos trechos do *Órganon*, de *A Política*

deliberar e discorrer é o mesmo, e ninguém delibera acerca das coisas que não podem ser de outro modo. Donde ser a discursiva apenas uma parte da alma possuidora de razão.

Logo, deve-se discernir qual o hábito mais excelente dessas duas partes, já que aquele será a virtude delas: é dizer, a virtude que ao operar de cada uma é mais apropriada.

[3. Os princípios da atividade prática e sua relação com a teorética.]

LIVRO VI, 2

[1139a20] TRÊS SÃO AS FACULDADES DA ALMA, senhoras das ações e da verdade:[132] o sentir, o entender, o apetecer. Destas, o sentir não é princípio de nenhuma ação. Isto se evidencia pelo fato de que os brutos possuem os sentidos, mas não participam da ação.[133] E aquilo que no raciocínio é a afirmação e a negação, isso mesmo é no apetite o perseguir ou o fugir. Donde, sendo a virtude ética um hábito com propósito, e o propósito um apetite com deliberação, deve, por isso, o raciocínio ser verdadeiro e o apetite reto, a fim de que o propósito seja adequado, e ser o mesmo aquilo que um afirma e o outro persegue. Logo, esta é a razão ou verdade prática.

(1253a7), onde o autor diz que só os homens constituem o Estado, porque, diversamente dos brutos, só eles possuem a *linguagem*.

132. *Verdade*, teorética.

133. Os animais inferiores têm o movimento local, mas isto se explica com o sentido e com o apetite, sem nenhuma necessidade da inteligência. Quando pelo contrário, o apetite é acompanhado do raciocínio (o qual implica no *nous*), então o movimento recebe o nome de *ação*. O *nous*, ou inteligência, logo, é o verdadeiro e único princípio do teórico e do prático. Mas, quando do princípio metafísico descemos à esfera dialética, a ação resulta de dois princípios, digamos assim, simétricos: o apetite e o *juízo*, um que procura ou foge, o outro que afirma ou nega. O *nous* é sempre reto, antes faz ele a retidão da ação; mas esta admite o dúplice valor de boa ou má. O apetite é verdadeiro quando é vontade daquilo que é bem; e em fazê-lo tal consiste a obra da educação, que transforma toda a matéria irracional da nossa natureza, a qual temos em comum com os animais, em hábito ético. O hábito ético, pois, como dissemos, torna-se ação virtuosa somente quando iluminado e guiado pela razão prática. Esta, visando ao fim (que é o mesmo *nous*, a que tende o reto apetite), constitui a norma de proceder nas ações: a "reta norma", que se torna o princípio da deliberação, a premissa maior do silogismo prático.

Mérito, ou falta da razão teorética, e não prática nem poiética, é o verdadeiro ou o falso, porque esta é a obra própria de toda a parte racional; mas a função racional no que diz respeito à prática é atingir a verdade que com o reto apetite concorda. Logo, o princípio da ação é o propósito: princípio, entende-se do movimento, não causa final.[134] Do propósito, por seu turno, o princípio é o apetite e o raciocínio feito para qualquer escopo, porquanto sem inteligência e raciocínio, e tampouco sem hábito ético não existe propósito, uma vez que sem raciocínio e costume a perfeição não é possível,[135] e o que é o seu oposto na ação. Não que a razão mova por si mesma, mas somente enquanto tem um escopo e está ligada à prática. E também a poiética depende desta, porque quem quer que faça, faz por um escopo; contudo, o seu fazer não é absolutamente o fim, mas em relação com outro e por causa de outro.

134. Não se esqueçam os grandes princípios aristotélicos. *Deus* ou *Nous*, considerado em si, é pura contemplação e suficiência de si. Mas, considerado no universo, ele é o primeiro motor, imóvel. Os céus são movidos e movem. A natureza terrestre é simplesmente movida. – Igualmente o homem. O *Nous* em si é teoria pura, conhecimento, não é o prático: o prático se torna considerado como bem, antes como "o bem" a que tende o homem. Esta tendência é o apetite, o qual é o motor movido: movido pelo *nous* enquanto bem, ou causa final, que se faz por isso "inteligência prática", cujo ofício se explica na deliberação. O propósito (que é o princípio do *movimento*, como aqui se diz, entendendo-se o movimento da pessoa agente), resulta, assim, de dois princípios, um apetitivo, o outro racional. – Como pode, pois, a ação não ser "adequada", justa, boa? Evidentemente, quando vem a faltar a retidão de uma ou de ambas as fontes de ação, do hábito ético ou da reta opinião (a virtude do costume ou a da *dianoia*). E isto acontece com aqueles que, como os incontinentes, se tornam presa das tendências comuns aos animais, mesmo que conheçam a regra justa que deveriam seguir; ou então, estragados pelo vício, erigem como premissa maior, não uma norma racional, porém uma norma dada pela sensualidade, buscando, desse modo, não o bem verdadeiro, mas um falso bem. (Como se vê, o elemento decisivo continua a ser sempre o princípio prático: o apetite, a vontade e o hábito).

135. A perfeição da ação em si mesma é a realização do fim e, simultaneamente, da sua racionalidade (do seu valor prático e teórico juntos); ambos os aspectos são aqui indicados, um com "inteligência apetitiva", o outro com "apetite racional". A sua unidade concreta, diz o autor, é o problema: na concordância e harmonia da razão com o apetite (§ 3) encontra o modo de superar a heterogeneidade (que é uma distinção naturalística) dos dois princípios (Vide nesta obra, nota 98) e indica o caminho para entendê-los dentro de um mesmo princípio. Neste (que é um princípio espiritual, isto é, de pura interioridade) a unidade será, pois, entendida não como uma identidade vária, e também o problema da transcendência revestirá outro significado.

Mas tal não se dá com o agir. A finalidade deste é um resultado feliz, e é a esse êxito que visa à tendência. Assim, a escolha deliberada é, ou o espírito animado pela tendência, ou senão a tendência esclarecida pela reflexão – e isto é um princípio humano.

O objeto, pois, do propósito, não pode ser nunca o passado:[136, 137] por exemplo, ninguém se propõe que Troia haja sido saqueada; não se delibera acerca do passado, mas sobre o futuro e o que pode acontecer: que o passado é impossível que não tenha acontecido. Do que fala com justeza Agatão:[138]

> *Somente isto é mesmo a Deus vedado,*
> *o fazer não sucedida quanta coisa*
> *haja neste mundo acontecido.*

Em conclusão: a obra de ambas as partes da alma intelectiva é a verdade; assim, a virtude de ambas serão aqueles hábitos segundo os quais cada uma delas estará no verdadeiro em sumo grau.

[4. As cinco virtudes dianoéticas.]

LIVRO VI, 3

[1139b15] RETORNANDO AO INÍCIO, falaremos delas novamente.[139] E sejam cinco o número das coisas em que a alma, ou afirmando, ou negando,

---

136. Note-se a aguda observação: o conhecimento exaure-se na história daquilo que já aconteceu, no passado; a ação, ao invés, tem por objeto o futuro, o que ainda não existe e é dependente da vontade do homem fazer existir.

137. A *alma intelectiva* abrange o *nous* e a *dianoia*, a faculdade intelectiva propriamente dita e a discursiva: é a parte da alma dotada de razão, que foi cindida no começo do capítulo para procurar a sua "operação" e a virtude apropriada, que é, portanto, a "verdade" teórica para a intelectiva pura, teórica-prática (pode-se dizer também simplesmente *prática*, se nela incluirmos o elemento teórico da *dianoia*) para a atividade moral. Já se delineiam as virtudes dianoéticas como divididas em três grupos: algumas mais estritamente teóricas, que encabeçam a "sapiência" (cf. o fim do Livro I: o sapiente é louvado pelo hábito); outras mais estritamente práticas, que encabeçam a "sabedoria"; outras, que intermedeiam o teórico e o prático, encabeçam o conceito de "arte".

138. Agatão, poeta trágico, mencionado em o *Banquete* de Platão, e pelo autor em *Poética*, X [obras disponíveis em *Clássicos Edipro* (N.E.)].

139. Segue-se, agora, a descrição das virtudes dianoéticas.

está no verdadeiro, isto é: arte, ciência, sabedoria, sapiência e intelecto. De contrário, com a conjetura e com a opinião pode-se estar também no falso.

[5. A ciência.]

Qual coisa é a ciência – se devemos falar exatamente, e não por meio de semelhanças – bem se entende por isto: que todos afirmam não poder ser diferentemente aquilo que realmente sabemos; ao inverso, aquilo que pode ser diferentemente é obscuro se exista ou não exista, quando se encontre fora da nossa intuição.[140] Logo, o objeto da ciência é de necessidade. E, destarte, eterno: porque tudo quanto é de absoluta necessidade é eterno; o que é eterno tem que ser ingênito e incorruptível.

Parece, ademais, que toda ciência se possa ensinar, e que se possa aprender tudo o que recai sob a ciência.[141] Toda doutrina, pois, vem de cognições precedentes, como antes nos *Analíticos* havíamos dito: ou por indução, ou por silogismo. A indução é ponto de partida rumo ao universal; o silogismo, ao contrário, parte dos universais. Vale dizer, são princípios de que o silogismo deriva aqueles, dos quais não se dá silogismo: eles, pois, derivam da indução.

Em breve: a ciência é um hábito[142] demonstrativo, com todas as outras determinações que nos *Analíticos* ajuntamos. Então a pessoa sabe verdadeiramente quando tem certa convicção determinada e conhecimento dos princípios, porque, se estes não lhe são mais conhecidos e críveis do que a conclusão, ela não terá a ciência senão acidentalmente.

E da ciência não se determinem mais coisas.

[6. A arte.]

LIVRO VI, 4

[1140a1] MAS DAQUILO QUE PODE SER diferentemente, outro é o objeto da arte, e outro o da ação. São diversas arte e ação (reafirmamos quando

---

140. *Intuição*: observação atual.
141. O conceito de ciência aqui exposto é um breve sumário dos princípios dos *Analíticos*: o objeto da ciência em confronto com o da opinião, o procedimento silogístico, a indução silogística e a indução real, apodítica e anapodítica etc.
142. *Hábito*: a ciência, por si mesma, é teórica, mas no cientista se torna um hábito, uma virtude.

dissemos sobre elas também nos discursos exotéricos): de sorte que também o hábito poiético é diverso do hábito prático, e, todavia, excluem-se reciprocamente, pois nem a arte é ação, nem a ação é arte.

E pois que a habilidade de edificar é certa arte, e propriamente certo hábito produtivo com razão; e tampouco há nenhuma arte que não seja tal hábito, nem nenhum hábito produtivo com razão que não seja arte – será a mesma coisa arte e hábito produtivo com raciocínio veraz.

Toda arte visa à produção, e sua habilidade e inteligência encaminham-se ao escopo de produzir alguma das coisas que podem ser e não ser, e cujo princípio está em quem produz, não naquilo que é produzido. Uma vez que a arte não é das coisas que são ou advêm por necessidade, nem das coisas que acontecem naturalmente, estas coisas, com efeito, têm o princípio em si mesmas. Sendo diversos o produzir e o agir, não há dúvida que a arte visa ao produzir, não ao agir. De certo modo, pois, acerca das mesmas coisas versam o acaso e a arte,[143] segundo o que diz também Agatão:

Ama sempre a arte e o acaso; e o acaso, a arte.

Logo, como se disse, a arte é certo hábito produtivo com razão verdadeira; e ao invés, a carência de arte é um hábito produtivo com razão falsa, acerca daquelas coisas que podem ser diferentemente.

[7. A sabedoria.]

LIVRO VI, 5

[1140a25] DO QUE SEJA A SABEDORIA,[144] podemos dar-nos conta assim: olhando aqueles homens a quem chamamos sábios.

---

143. Arte e acaso têm em comum os seguintes caracteres: 1. as coisas por eles produzidas têm a causa exterior a elas; 2. têm ambos por objetivo aquilo que não é necessário (só isto é comum com a atividade prática). Quanto à relação entre o conceito de arte e o de ação de um lado, de ciência de outro, vide nesta obra, Livro I, 1, e notas. Entre os conceitos modernos, o mais próximo ao conceito aristotélico de arte é o do conhecimento (e habilidade) técnicos.

144. Ao traduzir a *phronesis* grega por prudência (mais conforme à tradição), dá-se maior peso à sua diferença da *sophia*, acentuando-lhe o ofício prático: *sabedoria*, ao contrário, mostra-lhe mais o caráter dianoético. Assim que, na verdade, não é fácil decidir-se à escolha. A *phronesis* é a virtude da *dianoia prática*, isto é, aquela que encontra a "justa norma",

Parece certo que seja próprio do sábio poder deliberar retamente daquelas coisas que para ele são boas e convenientes, não em particular, como seria quanto à saúde e à força, mas, no geral, daquelas que levam a bem viver.[145] Mostra disto é o próprio fato de dizermos sábios igualmente daqueles que são tais em alguma coisa particular, quando raciocinam bem a respeito de um fim particular honesto e de coisas em que não existe arte alguma. Logo, pode-se também, em geral, chamar sábio quem é apto a bem deliberar.

Ninguém delibera acerca das coisas que não podem ser diferentemente, nem daquelas que não lhe é dado operar, pelo que, se é verdade que a ciência existe por via de demonstração, e que onde, ao invés, os princípios podem ser diferentemente, aí não existe demonstração (porque aqui toda coisa pode também ser outra); e se é verdade que não há deliberação acerca das coisas necessárias, a sabedoria não será nem ciência nem arte: ciência não, porque o objeto da ação pode ser diferentemente; arte não, porque diverso é o agir do produzir.

Logo, resta que seja um hábito prático com verdadeira razão, sobre aquilo que para o homem são os bens e os males. Pois que o fim no produzir é diverso do produzir mesmo; mas no agir, não; aqui o fim é a própria perfeição no agir. Por isso consideramos sábio Péricles e os homens que se lhe semelham, porque sabem ver que coisas são boas para si e para os outros; e tais achamos que devam ser aqueles que estão no governo da família e da cidade.

Daí o vir também à temperança[146] este nome, quase de conservadora da sabedoria. E certo é que a temperança conserva o juízo que da sabedo-

---

aplicando-a às ações particulares. A sua representação em maior escala é o legislador político. Péricles é um sábio. Tales é um sapiente. Em Platão, ao invés, *phronesis* é equivalente a *sophia*. Mas parece que Xenócrates houvesse já distinguido uma *phronesis* teórica ou *sophia* e uma *phronesis* prática.

145. Cf. *Retórica* (1366b20): "A *phronesis* é a virtude da dianoia, pela qual somos habilitados a deliberar acerca das coisas boas e más para a felicidade". Para os fins particulares, há a medicina, a ginástica etc. A *phronesis* é a razão ética a serviço do fim sumo.

146. *Temperança*: em grego, *sophrosines*, quase um *sozein* (salvar) a *phronesis*. Cf. *Crátilo*, 411e [Platão, *Diálogos VI*, obra disponível em *Clássicos Edipro* (N.E.)]. Havia, em certa época, na Grécia, os sofronistas, funcionários que tinham incumbência de moderadores dos costumes.

ria se requer: a razão é que o prazer e a dor não corrompem nem pervertem qualquer juízo que seja, por exemplo, aquele que procura se o triângulo tem ou não tem os ângulos iguais a dois retos, porém os juízos que se reportam às ações. E isto acontece porque os princípios das ações estão no seu próprio fim. Mas em quem foi corrompido pelo prazer, ou pela dor, a súbitas se lhe obscurece o princípio, e ele olvida que visando àquilo, e por causa daquilo, deve propor-se e operar todas as outras coisas, visto que o vício é corruptor do princípio.

Daí a necessidade de que a sabedoria seja um hábito prático acerca dos bens humanos com razão verdadeira. Antes, enquanto há uma virtude da arte,[147, 148] da sabedoria não há. Ao passo que na arte é de preferir quem erra voluntariamente; na sabedoria, assim como em todas as virtudes, dá-se o contrário. Logo, está claro que a sabedoria é uma virtude, e não uma arte.

E sendo duas as partes da alma possuidoras da razão, será virtude de uma delas: da opinante,[149] porque a opinião e a sabedoria versam sobre aquilo que pode ser diferentemente. Mas que, contudo, a sabedoria não seja só um hábito racional[150] se vê por isto, que de tal hábito se dá o esquecimento, e da sabedoria, não.

---

147. A arte, como qualquer outra habilidade, pode ser voltada ao bem ou ao mal. A sabedoria, não: ela endereça toda a atividade prática ao bem. Da sabedoria não há virtude, porque é, ela própria, a virtude da "razão prática", que constitui a bondade da ação. O seu correspondente kantiano seria a vontade boa.

148. Na arte pode haver mérito no infringir as regras habituais. O autor, intentando diferençar arte e *phronesis*, subverte o conhecido paradoxo socrático: "Ninguém erra voluntariamente", usado de vários modos por Platão (cf. *Hípias Maior*) [*Diálogos II*, obra disponível em *Clássicos Edipro* (N.E.)]. Por exemplo, o fazer injustiças voluntariamente parece melhor que fazê-las involuntariamente – por isso que, no primeiro caso, é acompanhada do conhecimento, ao passo que a ignorância agrava o segundo caso. Isto vale para a arte, diz o autor; com a *phronesis*, dá-se o contrário, porque a *phronesis* não é uma ciência, porém um operar consciente. Dos dois momentos, o cognoscitivo e o volitivo, este último dá o caráter específico. O errar no primeiro momento é mau, mas o errar no segundo é pior: conhecer o bem e querer o mal é a culpa mais grave que possa haver no âmbito moral.

149. Entende-se da *opinante segundo a verdade*.

150. *Hábito racional* é também aquele do cientista (aqui, ao inverso, trata-se da "razão prática"). O autor termina com penetrante observação: o douto pode esquecer a sua doutrina, o homem verdadeiramente virtuoso não perde jamais o seu hábito, porque a virtude se tornou nele segunda natureza.

[8. A inteligência.]

LIVRO VI, 6

[1140b30] JÁ QUE A CIÊNCIA É UM JUÍZO das coisas que são universais e necessárias e toda demonstração e toda ciência têm necessidade de princípios (porque a ciência acompanha sempre o raciocínio),[151] – do princípio do cognoscível não pode haver nem ciência, nem arte e nem sabedoria: ciência não, porque deveria poder-se demonstrar; nem arte ou sabedoria, porque estas ocorrem nas coisas que podem ser diferentemente. E tampouco sapiência: porque é próprio de quem é sapiente em alguma coisa, dar-lhe a demonstração.

Logo, se os hábitos por que estamos no verdadeiro e não no falso, já acerca daquilo que não pode e já acerca daquilo que pode ser diferentemente, são a ciência, a sabedoria, a sapiência e a inteligência; e se nenhuma destas três (quero dizer, a sabedoria, a ciência e a sapiência) versa os princípios, resta que deles se tenha a inteligência.

[9. A sapiência.]

LIVRO VI, 7

[1141a10] A SAPIÊNCIA,[152] NAS ARTES, atribui-se àqueles que as exercem com perfeição; assim, de Fídias dizemos ser sapiente artífice da pedra, e de Policleto que é um sapiente estatuário, nada mais significando aqui, com o nome de sapiência, senão a perfeição daquela arte. Alguns, ao invés, achamos que sejam sapientes[153] não em uma coisa particular, mas

---

151. À volta do *nous* centraliza-se toda a doutrina da *Metafísica*. O *nous* dá a intuição dos princípios sumos da realidade: é o órgão do conhecimento metafísico, é o divino. Ele pode ser traduzido igualmente bem por *mente*, por *inteligência* e por *intelecto*: o primeiro termo acentua a atitude contemplativa; o segundo, a função intuitiva; o terceiro, o uso dialético (como órgão do pensamento lógico).

152. *Sapiência: sophia*. Tenha-se presente o procedimento empírico ou popular destes capítulos que descrevem as virtudes dianoéticas. Denominava-se *sophos* na linguagem coloquial quem tivesse alcançado a perfeição na arte ou na ciência.

153. Também dos *sapientes*, como antes dos sábios, distinguem-se aqueles que são tais em geral, daqueles que são tais em coisas particulares, a quem no uso se aplica o mesmo nome.

em geral, mesmo que em certas outras não sejam sapientes, precisamente como diz Homero no *Margitas*:

Nem vinhateiro, nem lavrador deste homem fizeram os deuses, nem outra coisa sapiente.

Daí o estar manifesto que a sapiência tem de ser, de todas as ciências, a mais perfeita.[154] O sapiente deve saber não só aquilo que decorre dos princípios, mas também a respeito dos princípios conhecer o verdadeiro. Logo, a sapiência será intelecto e ciência; e estando, por assim dizer, à frente das outras, será a ciência das mais honrosas coisas.

[10. Diferença entre a sapiência e a sabedoria.]

De fato, desviou-se do caminho quem opina que a política ou a sabedoria seja a mais excelente das ciências:[155] a menos que o homem não seja o que há de mais excelente no cosmos. E se uma coisa é salutar e boa para os homens e outra para os peixes, quando o "puro" e o direito são sempre o mesmo; se interrogados de forma semelhante, todos responderiam que a sapiência é sempre de um modo, quando a sabedoria é sempre diversa: dirão eles sábio aquele que, nas circunstâncias particulares em que se encontra, tem uma visão perfeita, e no juízo dele confiarão em caso parecido. Por isso se chamam sábios também alguns animais, que mostram saber ter cuidado com a própria vida. E é por igual evidente que a sapiência e a política não podem ser a mesma coisa: porque, se quiséssemos chamar sapiência aquela que versa acerca das coisas a nós convenientes, muitas sapiências haveria, não uma só para o bem de todos os seres viventes, porém uma diferente para cada um; se não, existiria também a única medicina para todos os seres. Que, pois, o homem seja o mais excelente de todos os seres viventes, não importa: entretanto, existem outras coisas por sua

---

154. É "a ciência das coisas divinas", ou *filosofia primeira*, ou, mais simplesmente, a filosofia.
155. *Aquele que nas circunstâncias particulares etc.* (lugar muito atormentado de variantes); em substância, a sabedoria tem por objeto o homem; a sapiência, o *nous* e a ciência; a sabedoria, o que muda; a sapiência, o que não muda; uma visa ao particular; a outra ao universal; uma é prática, a outra teórica. A política é uma sabedoria em geral: não é única, sempre, porque o bem a que mira não é o único para todos. Ao invés, a sapiência é sempre única (ciência do real em si mesma e do divino).

natureza muito mais divinas que o homem: por exemplo, aquelas luzes[156] de que o universo foi constituído.

De quanto se disse, resulta claramente que a sabedoria é ao mesmo tempo ciência e inteligência daquelas coisas que, por sua natureza, são as mais dignas de honra.

Por isso um Anaxágoras, um Tales, e outros como eles se chamam sapientes, mas, não sábios, ao vê-los ignorar as coisas convenientes a si mesmos, embora depois se diga que sabem coisas extraordinárias e maravilhosas e difíceis e sobre-humanas, porém inúteis, porque eles não buscam os bens humanos.

A sabedoria, ao revés, versa acerca das coisas humanas e das quais é possível deliberar, que dizemos nós ser obra do homem sábio precisamente isto: o deliberar bem. Ora, ninguém delibera sobre aquelas coisas que não podem ser diferentemente, nem sobre quantas não tenham um fim determinado e tal que seja um bem possível de atuar. De modo que delibera absolutamente bem aquele que, seguindo o raciocínio, é hábil em tomar, entre os bens em que o homem pode atuar, o melhor.

Não respeita tampouco a sabedoria somente aos universais, mas deve conhecer também os particulares, porque ela é prática, e a ação versa acerca dos particulares.[157] Por isso existem alguns, os empíricos, que, aqui

---

156. *Luzes*: os *Céus* incorruptíveis e as puras inteligências motrizes (cf. *Do Céu*) [obra disponível em *Clássicos Edipro* (N.E.)].

157. Aqui a sabedoria é ilustrada com o conceito de arte ou *ciência prática*. Cf. *Metafísica* (981a5): "Nasce a arte quando de muitas noções experimentais se faz um único juízo universal acerca das coisas semelhantes. Saber que a Cálias, enfermo de tal doença, e a Sócrates, e assim a outros muitos em particular, fez bem certa coisa, é questão de experiência; mas da arte é próprio o saber que ela faz bem a todos que estão sofrendo daquela determinada doença. Para o agir, a experiência não parece em nada diferir da arte. Vemos, antes, que os empíricos acertam no alvo até melhor do que aqueles que possuem noções, sem a experiência. A razão é que experiência é conhecimento dos particulares, e a arte, dos universais: ora, todas as ações versam acerca do particular". A sabedoria deve saber mais do particular, porque a ação versa sempre os particulares. Há mister, por isso, distinguir a sabedoria como virtude meramente racional, daquela que se mostra na ação concreta. A primeira, idêntica à Ética (entendida no significado escolástico), é uma *ciência prática* no sentido de que dá normas ou leis gerais para conduzir o homem à felicidade. Estas são abstratas e não se adequam à ação, que, como frequentemente repete o autor, é sempre particular e determinada: ou, por dizer melhor, convém somente enquanto representam para o agente como que um tesouro de experiências pessoais. De fato, aos jovens

como noutras coisas, embora ignorantes, fazem melhor na prática do que outros que são doutos. De fato, quem soubesse que as carnes leves são fáceis de digerir e salubres, mas depois ignorasse quais são carnes leves, não produziria nunca a saúde, mas poderá produzi-la muito mais aquele que souber que as carnes das aves são leves. A sabedoria é uma virtude prática: donde lhe ser mister saber uma e outra coisa, porém mais a particular.

[Logo, a sabedoria não se adquire senão com longa experiência. Não é coisa de jovens, os quais se tornam facilmente geômetras e matemáticos, mas não sábios: pela mesma razão, aprendem mais facilmente as matemáticas do que a física e a filosofia, porque naquelas, sendo abstratas, nada há de obscuro; ao contrário, os princípios destas, assim como os da sabedoria, são fundados na experiência, de sorte que os jovens os repetem verbalmente, mas não ficam persuadidos.]

[11. Dificuldades acerca do valor prático e moral das virtudes dianoéticas.]

LIVRO VI, 12

[1143b20] DISSEMOS, PORTANTO, que coisa é a sabedoria e a sapiência, e em que coisa uma e outra consistem, e que uma e outra são as virtudes de uma faculdade diversa da alma.[158]

Contudo, alguém poderia perguntar de que servem elas, já que a sapiência não considera nenhuma daquelas coisas em que o homem pode ser feliz (pois não diz respeito às coisas que se geram); de outro lado, a sabedoria trata, sim, disto, e dela há necessidade, uma vez que, mesmo com respeito àquelas coisas que são justas e honestas e boas para o homem (coisas que, exatamente, o homem bom deve pôr em obra), nós conhecendo-nas não somos, por isso, mais hábeis em operá-las, dado que as virtudes

---

(citou-se no início, e repete-se aqui) não se adapta a Ética, enquanto com a experiência da vida não tenham formado o próprio caráter moral. Logo, não se trata de *ciência*, mas de formação da *consciência* (de hábitos, diria o autor); não de ensinamentos, mas de desenvolvimento autônomo do espírito. A carência de uma visão clara deste conceito obscurece e dificulta o livro sexto, que talvez seja o mais importante da *Nicomaqueia*.

158. As dificuldades do conceito de *ciência prática*, com que se distinguiu *phronesis* da *sophia*, revestem grande interesse neste capítulo, mas não se podem resolver definitivamente com os dados aqui apresentados.

são hábitos.¹⁵⁹ Assim, não somos nem mais sãos, nem mais vigorosos por saber daquelas coisas que produzem saúde e vigor, mas sim por ter delas o hábito: pois que não somos de fato mais hábeis em operar possuindo a ciência médica e a ginástica. Se, depois, se quisesse dizer que a sabedoria não serve para tornar melhores os homens, mas os faz tornarem-se bons em alguma coisa, àqueles que já são tais, será de todo inútil; e será ela inútil também a quem não a possui, pelo fato de que pouco importa que alguém a tenha ele próprio, ou então preste obediência a quem a tem: isto poderia bastar-nos, assim como basta à saúde, que, desejando nós outros possuí-la, nem por isso estudamos medicina. Além do mais, poderia parecer estranho que, ao passo que a sabedoria é inferior à sapiência, lhe fosse superior por isto, que a virtude de produzir tem a senhoria e o governo em cada coisa.

Logo, há mister falar disto, porque até aqui não fizemos mais que expor-lhe as dificuldades.

[12. A natureza racional do ato moral.]

Antes de tudo, dizemos que, dado também que nem uma virtude nem outra produza nada, devem elas ser desejadas por si mesmas, precisamente enquanto virtudes, uma de uma parte da alma e outras da outra.¹⁶⁰

Em segundo lugar, não é verdade que não produzam; não já como a ciência médica, mas como a sanidade produz a saúde. Assim a sapiência produz a felicidade, porque, sendo parte da virtude inteira, com ser possuída e posta em prática torna o homem feliz.¹⁶¹

Além disso, toda ação é perfeita quando conforme à sabedoria e à virtude ética: esta faz que seja reto o escopo; aquela, os meios para atingir. Há

---

159. Se a virtude é um hábito que se adquire com a educação, que necessidade há da *phronesis*? Se alguém não tem ainda o hábito virtuoso, procure um educador, assim como quando do está doente se dirige ao médico. Estudar a Ética para se tornar bom, é como estudar medicina para curar-se. Se a Ética produzisse a bondade, seria a primeira das ciências.

160. Primeira solução: a virtude é desejável por si mesma, embora não produza nada (produzir, aqui, é produzir fora de nós).

161. Segunda solução: produzir, aqui, é produzir dentro, mas com especial referência à filosofia. A dificuldade torna-se mais grave quanto à *phronesis*.

somente a quarta parte da alma, a nutritiva, em que não existe tal virtude, porque a ela não cabe nem o operar, nem o não operar nada. Quanto, pois, a não serem os homens mais hábeis em operar coisas belas e justas mediante a sabedoria, devemos voltar um pouco atrás, dali exordiando.

Como, de fato, dizemos que alguns operam coisas justas, contudo não são justos: ponhamos aqueles que fazem as coisas ordenadas pelas leis, porém fazem-nas ou contra a vontade, ou por ignorância, ou por qualquer outra causa que não seja por si mesmos (embora operem aquilo que se deve, e que a um homem probo se adequa); semelhantemente, parece que, em consequência, há de haver certa disposição no operar cada coisa particular, tal que o faz ser bom: e bom digo eu o operar com propósito e com o fim daquilo mesmo que se opera. Logo, o que torna reto o propósito é a virtude. Mas que coisas sejam aptas por natureza a serem operadas para o fim proposto, não as aprendemos da virtude, mas de uma outra faculdade. Detenhamo-nos a falar disto mais claramente.[162]

Há certa faculdade que se costuma chamar de sagacidade, a qual consiste em ter o poder de atuar e conseguir aquelas coisas que conduzem ao fim proposto. Quando o fim é honesto, ela é digna de louvor; quando vil, chama-se astúcia. Por isso, tanto os sábios como os astuciosos se diz serem sagazes. A sabedoria não é esta faculdade, mas tampouco existe sem ela; e o seu hábito não se imprime nestes olhos da alma[163] sem virtude, como dissemos e como é manifesto. E a razão é esta, que os silogismos do agir têm o seu princípio assim: – "Já que este é o fim e o sumo bem etc." – (não importa agora o que seja, porque se faz por raciocinar). Mas isto não

---

162. Terceira solução: a virtude ética e a dianoética se condicionam reciprocamente, porque uma faz bom o fim, e com este a escolha dos meios e o propósito (que é obra da *dianoia*); a outra, derivando do *nous* o critério de juízo e a norma das ações (o "justo meio"), dá valor racional ao ato moral. – Esta vem a ser a solução final (a bondade é pressuposta no agente, seja para o fim, seja para a escolha dos meios). Mas não se olvide quanto se observou antes, em nota ao Livro III, 1, e depois ao Livro VI, 2. O autor que na concordância e harmonia, onde repõe a perfeição da ação moral, os dois aspectos, o prático e o teórico, a eticidade e a racionalidade do ato, completam-se e reforçam-se mutuamente.

163. *Olhos da alma* é a *dianoia*, que, tanto no uso dialético para o verdadeiro e o falso (recorde-se à Sofística), como no uso prático pode reduzir-se a mera habilidade natural, capaz de bondade ou de maldade (potência ou faculdade, embora racional, dos contrários).

acontece se o homem não for bom, porque a malvadez perverte e induz em erro acerca dos princípios práticos.[164] Donde está claro que não é possível ser sábio quem não seja bom.

LIVRO VI, 13

[1144b1] TAMBÉM QUANTO À VIRTUDE devemos, por sua vez, fazer estas considerações: pois a virtude está quase como a sabedoria com respeito à sagacidade (não é a mesma coisa, mas parecida);[165] assim está também a virtude natural com respeito à virtude propriamente dita. Parece, com efeito, que em cada uma sejam ínsitos de certo modo, por natureza, aqueles costumes que tem (que para sermos justos, temperantes, fortes etc., somos dispostos desde o nascimento); mas, isso não obstante, andamos em busca de outro bem, que propriamente seja tal, e de que aqueles costumes existam em nós de outro modo. Também nas crianças e nos brutos se encontram os hábitos naturais mas, sendo privados de inteligência, veem-se às vezes causar danos. Antes, pode-se ver que lhes acontece o mesmo que a um corpo robusto, a que falta a vista: quando se move, cai e pode se ferir violentamente, porque não possui a vista.

Quando, porém, a pessoa é dotada de inteligência, a ação é diferente e o hábito, que daí deriva, torna-se então virtude no sentido próprio. Donde, como da faculdade opinativa existem duas espécies de virtudes, a sagacidade e a sabedoria, assim também de duas espécies é a virtude da faculdade ética, uma natural e outra no sentido próprio; e, destas, aquela não existe sem a sabedoria.

Daqui o resumirem alguns na sabedoria todas as virtudes, e Sócrates, que isto procurava demonstrar, andava em parte certo, em parte errado:

---

164. Os *silogismos* etc. É trecho um tanto áspero. Claro é isto: o homem bom, em qualquer coisa que faça, parte do silogismo prático do verdadeiro fim, e dele faz máxima ou premissa maior do seu operar.

165. Os termos da analogia não estão em ordem. Como a faculdade da sagacidade (destreza, habilidade natural) não se torna hábito de sabedoria sem a virtude ética – assim a potência da virtude natural não se torna hábito da virtude sem a sabedoria. As virtudes dos costumes, privadas de racionalidade, rebaixam-se a hábitos naturais em confronto com a virtude propriamente dita. O valor moral já não provém do apetite, nem da *dianoia*, porém deriva do princípio e vértice da nossa natureza espiritual, do *nous*.

errado, enquanto considerava que todas as virtudes sejam sabedoria; certo, enquanto não existem sem a sabedoria.[166]

Um sinal disto é que, hoje, quando definem[167] a virtude, depois de terem dito que é um hábito e em torno de quais coisas existe, todos acrescentam que existe segundo a reta razão. Mas reta razão é aquela que existe segundo a sabedoria. Dir-se-ia que todos adivinham que a virtude é um hábito que subsiste de acordo com a sabedoria.

Contudo vamos um pouco além. A virtude é um hábito não só conforme à reta razão, mas a ela conjunto. E a reta razão em coisas tais[168] nada mais é que a sabedoria. Sócrates, considerando-as ciências, achava que todas as virtudes se reduziam à razão; nós diferentemente, dizemos que estão unidas à razão.

Concluindo, está claro que não é possível ser bom, praticamente, sem a sabedoria, nem sábio sem virtude ética.

Desta maneira se poderia desfazer também a objeção daqueles que sustentaram estarem as virtudes separadas entre si, porque um mesmo homem não é, por natureza, inclinado propriamente em grau igual, a todas as virtudes, porque algumas já as terá adquiridas, outras ainda não. Isto pode bem acontecer com as virtudes naturais, mas não com aquelas por que um homem é absolutamente chamado bom: porque estas se acordam todas com a sabedoria, que é uma só.

Todavia se, igualmente, a sabedoria não fosse prática, evidentemente se teria necessidade dela enquanto virtude de uma parte da alma racional;

---

166. Se o valor moral da atividade humana estivesse já demonstrado, poderíamos dizer que o autor resolve o problema socrático deste modo: *phronesis* e *virtude ética* formam como que uma síntese *a priori*; a *phronesis* sem a *virtude ética* é vazia, esta sem aquela é cega; aquela constitui a forma universal, esta matéria sensível do nosso querer. Sócrates, buscando na virtude a forma universal, observou só o momento racional, e fugiu-lhe o conteúdo oferecido pela nossa natureza apetitiva. Negou a multiplicidade natural, e fez da virtude uma ciência abstrata. A *phronesis*, ao invés, é a unidade concreta de todas as virtudes. Cf. nota (*in fine*) ao Livro II, 5.

167. *Todos*: os Acadêmicos, especialmente os quais, prosseguindo na especulação platônica, punham a "justa medida" como caráter comum das virtudes.

168. *Em coisas tais*, é dizer, nas ações virtuosas. Naquilo que fazemos, por exemplo, para a saúde, basta a ação que esteja conforme à norma do médico. A virtude quer não só a conformidade, como também a natureza intrinsecamente racional do ato.

e não haverá retidão de propósito tampouco, sem sabedoria e sem virtude, porque esta nos dá o fim, e aquela nos faz agir em vista do fim.[169] Mas nem por isso ela é superior à sapiência, nem à parte superior da alma, como tampouco a medicina é superior à saúde, porque não se serve dela, mas olha como se produza. De modo que não lhe faz prescrições a ela, mas para consegui-la. Seria como se alguém dissesse que a política dá ordens aos deuses, porque governa tudo o que se encontra na cidade.[170]

[Logo, tendo declarado a natureza racional do ato moral, apresenta-se espontânea uma questão: – Como, então, acontece que um homem, mesmo julgando retamente, se deixe depois transportar pela intemperança? Alguns responderam, com Sócrates, negando o fato: porque outra coisa inferior e contrária o senhoreie e escravize. E afirma, ao inverso, que o sábio é necessariamente virtuoso, e que o vício pressupõe sempre a ignorância. Mas os fatos falam também em contrário desta sentença. Vale mais, aqui, tentar uma explicação.

Alguns pensaram resolver a questão distinguindo entre ciência e opinião, de sorte que o intemperante não tem verdadeiramente ciência, mas opinião. Em verdade, não parece que o incontinente reflita antes de ceder à cobiça, e isto proviria nele de uma espécie de ignorância. E não é menos verdade que um homem sábio não pode operar de sua vontade coisas vis, senão por motivo outro. Por isso que o verdadeiro sábio possui também as outras virtudes.

Mas o ponto é descobrir de que espécie seja a ignorância de que é ofuscada a alma do incontinente. A distinção entre ciência e opinião não serve: alguns, quando operam, têm a firme convicção das suas opiniões como se fossem exatas; até, por vezes, convicção mais firme que a daqueles que têm a ciência. Difere-se, antes, a posse da ciência do seu uso, pelo que pode dar-se o caso de que tenha ciência, mas não reflita sobre o que deva fazer. Para sermos mais claros, tenha-se presente que a toda ação preside

---

169. Repete coisas ditas no Livro III, 4 e 10. Este passo se acha talvez fora do lugar, ou foi acrescentado.
170. Não esqueçamos que a *razão* aristotélica, embora considerada algumas vezes como manifestação do *nous*, por si mesma é simplesmente dialética: acima dela existe a verdadeira vida do bem, o fim sumo, a serviço do qual se criou a *phronesis*. A divina atividade da mente é no homem, como os deuses são na cidade. A vida ética ou política deve servir, não governar a filosofia.

um silogismo prático, do qual a premissa maior é aquela que propriamente constitui a ciência, e a menor ou particular somente respeita propriamente à ação. Não é nada absurdo que erre quem tem a maior, mas não a menor. Maravilha fora quem as houvesse ambas! Neste caso, convém dizer que as tem, mas não as usa. Como quem dorme ou está ébrio: que tais parecem aqueles que se entregam aos braços das paixões, as quais transtornam até o corpo, e levam à loucura. Que estes prefiram raciocínios extraídos da ciência, não deve induzir a crer que tenham a ciência. Aqueles raciocínios aprenderam-nos da memória, mas não os *sabem*, porque não têm deles convicção. Recitam como os histriões! E se alguma ciência eles têm, não é a verdadeira e própria ciência, a qual não é possível que se deixe ofuscar pela paixão, mas simplesmente a expressão dos seus desejos e dos impulsos sensuais, os quais, unicamente, podem ser contrários à reta razão, e movendo-lhes os membros, induzi-los à má ação. Logo, é uma ciência de acidente, e a sua ação, brutal. E só porque também desta são desprovidos não chamamos incontinentes aos brutos.]

[À importância do prazer e da dor referimo-nos desde o começo. Em torno deles gira, enfim, todo hábito ético. A própria beatitude não parece poder existir sem o prazer.

Das opiniões correntes acerca do prazer, as mais notáveis são as que negam seja o prazer um bem. Ou então admitem que só alguns prazeres sejam bons. Ou ainda concedem, sim, que todo prazer seja um bem, mas sustentam que nenhum prazer seja o sumo bem. O prazer – dizem – é das coisas que se geram, mas estas são necessariamente imperfeitas e incompletas. Além disso, o temperamento foge aos prazeres; o próprio sábio procura não o prazer, mas antes aquilo que não é doloroso, pela razão de ser o prazer um estorvo à sabedoria e à vida racional, como o mostra o fato de que ninguém pode pensar nada quando imerso nele. Buscar o prazer é próprio dos animais e das crianças. Que, pois, alguns prazeres sejam torpes e danosos à saúde, é óbvio.

Destes raciocínios, todavia, não decorre nem que o prazer não seja um bem, nem que não seja o sumo bem. Antes de tudo, convém distinguir entre bem em sentido absoluto e bem em sentido relativo, entre prazeres reais e prazeres aparentes. Certas coisas são boas absolutamente, outras só em relação a um escopo e a um indivíduo. Outras, como um medicamento, são desagradáveis na aparência, porém convenientes na realidade. Ademais é necessário distinguir o bem enquanto ato e o bem enquanto hábito natural. O ato do contemplar, por exemplo, não é uma necessidade natural, e é aprazível sem acompanhamento de nenhuma dor. Ao invés, consoante a nossa disposição natural, certas coisas nos aparecem, segundo os casos, aprazíveis ou dolorosas: a alguns amargas, a outros doces etc. Injusto, logo, o dizer mesmo que o prazer não pode ser o sumo bem, e que é um devenir e, portanto, inferior ao fim, ao sumo bem. O prazer, como ato, não é um devenir, mas é ato e fim, porque nós recebemos prazer das coisas, não pela sua geração, mas pelo uso delas. Tampouco o fim é diverso do próprio prazer, exceto naquelas coisas que servem à perfeição natural. Invocar, pois, o argumento de que alguns prazeres prejudicam a saúde tem tanto valor como dizer que também as coisas salutares são danosas, senão a outra coisa, à bolsa, de modo que seriam, por este lado, também elas um mal! Igualmente o estudo, em tal caso, é um mal, porque pode prejudicar a saúde. A verdade é que nenhum prazer prejudica a virtude, quando deriva da atividade do hábito virtuoso, antes pelo contrário, o prazer nos impele cada vez mais à virtude.

Logo, o prazer é um bem. E se alguns prazeres são vis, nem por isso pode acontecer que o sumo bem não seja um prazer. E pois que toda atividade pressupõe o seu livre desenvolvimento, ela é por si mesma agradável. Tanto mais vale isto para a felicidade, que é o ato de todas, ou das mais dignas atividades. E aqueles que dizem ser feliz o homem bom, mesmo que se encontre sob uma roda ou em meio das maiores calamidades, queiram ou não queiram, não dizem nada que tenha sentido. Com isto não se diz que a boa fortuna se confunda com a felicidade, mas que a boa fortuna se faz necessária, até aonde serve à felicidade. – Nem vai contra a nossa doutrina o fato de todos os seres viventes procurarem o prazer: antes que é confirmação. Pois em todos há um certo quê divino, se bem que o prazer seja diferente conforme a diversidade da natureza e dos hábitos. O erro é dos homens vulgares, que entendem por prazeres somente aqueles corpóreos, os quais são mais frequentes e mais procurados por aqueles que não podem gozar dos mais nobres. E se não há nenhum prazer que tal o seja estavelmente, isto acontece porque a natureza humana não é simples, mas tem um elemento de corrupção. Se a mudança contínua tem para nós atrativos incomparáveis, isto ocorre devido à nossa natureza imperfeita, que não é nem pura, nem simples. Mas o ato não é somente do movimento, mas também da quietude, e o prazer está antes nesta do que naquele. Eis porque Deus goza eternamente de um prazer único e absoluto.]

[Ao discurso da virtude pertence também o exame daquela forma de relação entre os homens que se chama, com termos gerais, *amizade*, englobando nela todos os sentimentos de afeto que unem um homem a outro.

Sendo três os objetos dignos de serem amados: o *bem*, o *agradável* e o *útil*, três são as espécies de amizade: a amizade de virtude, de prazer, de utilidade. Mas estas três amizades não valem igualmente: aquele que é amado por interesse ou por prazer, não é amável em si ou por si, mas é amável por acidente; não é procurado por outro motivo senão pelo útil ou pelo prazer que pode dar. A amizade de prazer é própria dos jovens, que não podem ainda compreender outras; a de interesse é frequente nos velhos, que já não sabem compreender outras. A amizade de virtude é a verdadeira amizade, a amizade por excelência, pela qual o amigo virtuoso é amável em si e por si: ele não é amado pelo prazer de sua companhia, ou pela utilidade que dele pode emanar, mas pela própria virtude que amamos nele. Esta amizade, de resto, contém em si também as outras duas; pois o amigo bom e honesto é, ao mesmo tempo, um amigo útil e agradável. Antes, a amizade de prazer e a de interesse denominam-se amizade impropriamente, só porque assemelham-se da verdadeira amizade, afeiçoando-lhe imperfeitamente um só aspecto secundário, o do prazer ou do interesse.

Fundamento necessário da amizade é a comunidade. Desta se podem distinguir três espécies: a que tem por fim um interesse comum, como entre companheiros de viagem, ou entre os membros de uma tribo, ou entre os cidadãos de um Estado; a doméstica, que tem o duplo escopo de estabelecer uma família e proporcionar o bem geral da vida; e a terceira, entre companheiros, que não tem outro fim fora dela. Donde três espécies de amizade: a *política*, que abrange todas as outras; a *familiar*, que abarca o amor paterno e materno, o amor conjugal, filial, fraterno; e a *amizade*, propriamente dita, entre duas pessoas.

Intimamente ligada à amizade está a justiça. Ambas sobrevêm onde há comunidade de pessoas, de modo que existem tantas espécies de justiça quantas de amizade. Ambas variam segundo a relação das pessoas, não sendo iguais entre pai e filho, entre irmãos, entre concidadãos. A comunidade familiar é igual à política: a autoridade paterna se assemelha ao poder régio; a autoridade marital, ao governo aristocrático; a sociedade dos irmãos e dos amigos, às formas democráticas. Assim que procurar qual seja a relação de amizade entre pai e filho, entre marido e mulher, entre irmão e irmão, e, em geral, entre um amigo e outro, vale tanto quanto procurar como se tenha de observar a justiça nas diversas formas de governo, em toda sorte de comunidade. Mas há também diferença. Na justiça, o que é fundamental é a igualdade de relação, de modo que também entre pessoas muito diversas pela inteligência ou pela fortuna é possível uma relação de justiça. Na amizade, ao invés, o que é fundamental é a igualdade dos indivíduos, dentre os quais, se houver muita distância pela inteligência, ou pela fortuna, ou por outro motivo, não é possível a amizade. Não se quer dizer com isto que, além da amizade entre iguais, não possa ela existir entre desiguais, entre um superior e um inferior. Um será mais rico, porém o outro mais reconhecido; um mais inteligente, porém o outro mais devotado; e assim por diante, de tal modo se restabelece o equilíbrio e a igualdade. A verdadeira igualdade é a da virtude, quando o amigo quer igualmente o bem do outro.

Só a virtude torna possível e durável a amizade, porque só o homem virtuoso é capaz de amar os outros. E a si mesmo. Amar a si mesmo não quer dizer andar atrás de gozos grosseiros, de riquezas etc.; amar é cultivar em si mesmo o que há de melhor e mais perfeito. O homem que ama a si mesmo dará aos amigos e à pátria, quando preciso, os seus bens e até a vida. O amor de si dispõe, de tal modo, o homem virtuoso a amar os outros. Quando dois amigos são virtuosos, amam-se reciprocamente, porque ambos amam a mesma coisa: o bem e a beleza da virtude. O mau, ao contrário, não amando verdadeiramente a si mesmo, tampouco é capaz de amar os outros.

Resta, enfim, a seguinte questão: tem o homem feliz necessidade, ele também, de amigos? Certamente não se pode imaginar um homem feliz na solidão, porque o homem nasceu para viver em comunidade. Melhor, portanto, que conviva com amigos e com homens virtuosos, do que com gente estranha. Aqueles que acreditam poder o homem feliz passar sem amigos, chamam talvez com este nome unicamente os amigos de interesse ou de prazer, dos quais o feliz não tem, em verdade, necessidade. Mas não é assim com as amizades dos bons: o operar destes lhe é razão de contínuas complacências, igualmente e mais ainda que as próprias ações virtuosas, pois nos outros pode admirar melhor o bem e o belo. E como a vida é doce por natureza, tanto mais doce é para o virtuoso, o qual no bem operar encontra a sua felicidade irmanando discursos e pensamentos, o homem feliz encontra no amigo uma projeção de si mesmo.]

TERCEIRA PARTE

O fim do homem

SEÇÃO I
O PRAZER

LIVRO X, 1

[1. Importância do prazer. É melhor dizer dele a verdade.]

[1172a20] A SEGUIR SE TRATARÁ DO PRAZER, porque talvez seja esta a ordem que se deve observar após o que foi dito. Nada, de fato, parece mais intimamente conatural ao gênero humano, assim que se educam os jovens dirigindo-os com o prazer e com a dor; e nada importa mais à virtude dos costumes, quanto o provar deleite ou enfado naquilo que convém amar ou fugir. Prazer e dor se estendem pela vida inteira, dando força e movimento à virtude e à vida feliz: pois todos procuram as coisas agradáveis e fogem das dolorosas. Acerca de tais coisas, a ninguém parecerá que se possam negligenciar, quando mais não seja, pelas grandes controvérsias que se originam. Com efeito, alguns dizem ser o prazer o próprio bem; outros, ao contrário, que é precisamente uma coisa vil;[171] e, destes, parte está persuadida talvez que assim seja verdadeiramente, parte acredita que seja muito melhor para a nossa vida o mostrar como coisa vil o prazer, embora não o seja, porque a ele são inclinados a maioria dos homens, e dos prazeres se tornam escravos; por isso convém impeli-los para a banda oposta, a fim de que assim alcancem o meio.
 Mas é temeroso que nem sempre seja oportuno raciocinar assim, porque, tratando-se de afetos e ações, os discursos são menos convincentes

---
171. *Alguns... outros*: as duas opiniões opostas eram representadas, uma por Eudóxio, outra por Espeusipo.

do que as obras, de forma que, quando discordes nas coisas que se veem, caem em descrédito e trazem consigo em ruína também a verdade, pois quem censura os prazeres, se uma vez o veem desejar algum, eis que parece inclinar-se a eles, como se fossem todos da mesma espécie. A multidão não faz distinções.

A nós, no entanto, parece que a verdade dos raciocínios seja não só utilíssima à ciência como também à vida, porque, concordando eles com as obras, são acreditados e, portanto, servem de estímulo, a quem os entende, para viver segundo eles. Mas basta disto. Vamos às coisas que se dizem acerca do prazer.

[2. As argumentações de Eudóxio.]

LIVRO X, 2

[1172b10] EUDÓXIO,[172] POIS, ACREDITAVA que o prazer fosse o próprio bem, pelo fato de que todos os seres, quer racionais ou irracionais, vão em busca dele;[173] e visto como em toda coisa o que se procura é o bem, assim o maior será aquele que mais do que todos é desejado; se todos os seres visam a um mesmo objeto, será isto indício de que ele é ótimo para todos (pois cada um procura o que para si é bom, assim como age na nutrição): daí aquilo que para todos é bom e o que todos miram ser o próprio bem.

Os seus raciocínios haviam adquirido crédito mais pela virtude dos seus costumes do que por si mesmos: como se mostrava de temperança insólita, parecia raciocinar de tal modo, não porque amante do prazer, mas porque assim fosse a coisa verdadeiramente.

E que assim fosse, acreditava ele, não ser menos evidente pela consideração do oposto: a dor parece a todos coisa de que se deve fugir por si mesmo, e portanto, há que procurar o seu contrário.

---

172. Eudóxio, de Gnido, matemático e astrônomo, pertenceu à Academia; mas parece que desenvolveu as teorias platônicas com certa originalidade e independência. Viveu por volta de 366 a.C. Do seu pensamento ético não conhecemos senão o que aqui se disse, em certos pontos talvez com as suas próprias palavras. Os seus argumentos se resumem nestes: (1) Todo ser procura o prazer; (2) A dor é, essencialmente, objeto de aversão; assim o seu oposto é, essencialmente, objeto do desejo; (3) O prazer é desejado como fim em si mesmo e não como meio para outro; e, (4) O prazer unido a outro bem o torna mais desejável.

173. *Vão em busca dele*: cf. Livro I, 1.

Sobretudo, pois, deve ser preferível aquilo que nós não buscamos por causa ou em vista de outra coisa. Ora, tal, por consenso unânime, é o prazer: que a ninguém se pergunta jamais por que escopo sente prazer, como se o prazer por si mesmo fosse coisa desejável.

E acrescido a qualquer bem que seja, torna-o mais desejável: por exemplo, ao agir justamente e ao viver temperante. Ora, o bem não se acresce com outra coisa que não ele mesmo.

[3. A opinião de Platão.]

Verdadeiramente, esta razão parece demonstrar que o prazer se encontra no número dos bens, não que o seja mais que outro, pois que todo bem é mais desejável unido com outro, do que por si só.[174]

Antes, com semelhante raciocínio, Platão opõe que o prazer não pode ser o bem, dizendo que a vida aprazível é mais desejável quando acompanhada pela sabedoria, do que quando ausente esta. Mas, se por tal união se torna melhor, logo o prazer não é o bem, porque o bem não pode fazer-se mais desejável por coisa alguma que se acrescente.

De outra parte, cada um vê que tampouco algum outro daqueles que são bens por si mesmos, tornando-se unido a outra coisa, mais desejável, seria o bem por excelência.

Que é, pois, este bem, e tal que dele sejamos partícipes? Pois um bem que seja tal andamos procurando.[175, 176]

---

174. A última argumentação, opõe o autor, prova que o prazer é *um bem*, não o *bem*. Contra ela se aceita um argumento de Platão: se a sabedoria e o prazer, unidos, se fazem melhores, nem um outro é o *bem* (cf. *Filebo*, 60) [*Diálogos IV*, obra disponível em *Clássicos Edipro* (N.E.)]. Mas, depois, o autor se vale da mesma argumentação de Platão para reafirmar, contra ele, o seu conceito de bem imanente nos bens. O prazer e a sabedoria são bens por si mesmos. O bem não consiste em nada além daqueles que são bens por si mesmos.

175. *Tal*: isto é, seja sumo bem, mas, simultaneamente, possível de ser atuado pelo homem, e não necessitando de acréscimo exterior. Cf. Livro I, 7: "à felicidade, como veremos em breve, não se acrescenta o prazer como *outra coisa* dela diversa, porque está ínsito nela, como perfeição do ato humano" (de modo que o ato da felicidade será, ao mesmo tempo, ato de sumo prazer).

176. *Certo bem natural*: cf. Livro VII, 8: "Nem todos os seres procuram o mesmo prazer, embora todos persigam o prazer: que, antes, talvez persigam não aqueles que crêem tal e que não saberiam sequer dizer, embora seja em todos o mesmo: porque na natureza de todos os seres há alguma coisa de divino". É o divino a que tende naturalmente o apetite. Cf. Dante, *Divina Comédia*, Paraíso, I, 109-20.

[4. As objeções de Espeusipo e sequazes, e sua confutação.]

Aqueles que insistem em negar que seja bom aquilo a que todos os seres são levados, deve-se recear que não falem sério. Por nossa conta, afirmamos que as coisas são como todos creem, e aquele que quer destruir esta convicção não dirá coisas que sejam, de modo algum, mais convincentes. Na verdade, se aquilo procurassem somente os seres irracionais, os discursos deles valeriam algo; mas, já que o desejam também os seres dotados de sabedoria, que valor poderão ter? Que, antes, até nos mais vis dos seres se descobre certa tendência natural ao bem mais excelente do que aqueles que, contudo, são bens por si mesmos, o qual endereça cada um ao bem que lhe é próprio.

Não parece tampouco que discorram bem acerca da argumentação do contrário. Dizem: se a dor é um mal, não advém que o prazer seja um bem, porque a um mal se opõe outro mal,[177] e ambos se opõem a um terceiro que não é nem um nem outro.

O raciocínio não é mal feito, todavia não é verdadeiro na questão proposta. E a razão é que, posto que ambos sejam males, de ambos se deveria fugir; e se nem um nem outro são males, nem de um nem de outro se deverá fugir, ou, em suma, deveremos portar-nos com respeito a eles igualmente. Mas, é evidente, todos fogem de um como mal e desejam o outro como bem. Logo, opõem-se a este respeito.

LIVRO X, 3

[1173a15] ADEMAIS, SE TAMBÉM O PRAZER não está entre as qualidades, não se conclui por isso que não esteja entre os bens.[178] Nem mesmo as atos virtuosos são qualidades, e a felicidade tampouco.

Dizem: o bem é determinado, o prazer, ao invés, é indeterminado, porque suscetível de mais e de menos. – Logo, se julgarmos assim pela

---

177. *Se opõe outro mal*: assim, o prazer também é um mal. *A este respeito*, que é, precisamente, *proposta a questão*.
178. Esta é uma nova objeção de Espeusipo: o bem atribuído às coisas é uma qualidade delas (entenda-se: "qualidade essencial", que lhes revela a natureza); o prazer não é uma qualidade; logo, não é um bem. O autor responde que o bem se predica em todas as categorias. O bem é igualmente ato, além de qualidade. (Estes partidários de Platão consideravam o bem que participa do Bem em si, o qual era, para eles, a Ideia platônica.)

consideração de que se pode sentir mais ou menos prazer, o mesmo valerá também na justiça e nas outras virtudes, em relação às quais se afirma explicitamente que os homens são de qualidades mais ou menos virtuosas, e operam mais ou menos conforme à virtude: existem, de fato, os mais justos e os mais fortes, e há quem opera justa e comedidamente mais ou menos do que outro.[179] Mas se assim julgam o prazer, talvez não citem a causa de tal fato, o qual depende disto: que dos prazeres alguns são mistos e outros puros. Que impede que, assim como a saúde,[180] mesmo determinada, é suscetível de mais e de menos, igualmente não o seja o prazer? Pois nem todos têm a mesma proporção, nem esta é sempre idêntica no mesmo indivíduo; todavia, diminuindo, até certo ponto, se mantêm, embora diferindo no mais ou no menos. Ora, semelhante coisa pode acontecer também com o prazer.

Além disso, alegam ser o bem perfeito, e, ao contrário, os movimentos e as gerações imperfeitas: e se esforçam em mostrar que o prazer é um movimento e uma geração. Mas não me parece que digam bem: ele não é um movimento. De fato, de todos os movimentos são próprias a rapidez e a lentidão: ou por si mesmo, qual o movimento do mundo, ou em relação a outro. Mas no prazer não se encontra nem um nem outro. É bem possível sermos movidos rapidamente ao prazer, assim como à ira, mas não é possível sentir rapidamente o prazer, tampouco em relação com outro, como sucede com o caminhar, com o crescer e com outras coisas semelhantes. É bem possível entregar-se rápida ou lentamente ao prazer, mas não é possível que seja rápido o ato do prazer, quero dizer: uma coisa não se origina

---

179. *O bem é determinado*. Todas as coisas resultam, para Platão, de dois princípios: um, que lhes constitui a essência imutável; o outro, que pertence ao devenir: um, princípio de determinação do seu ser; o outro, de indeterminação; um, princípio ideal, eterno; o outro, material, que admite o mais e o menos. No autor se tornarão os dois princípios da forma e da matéria, mas como aspectos da substância única em todas as coisas. A forma é, pois, também o conceito. Assim, aqui, a forma ou conceito da saúde está em certa proporção (ou equilíbrio) com os elementos corporais: a proporção pode, até certo ponto, variar, sem que por isso venha a faltar a determinação do corpo como sadio. Mas assim acontece, diz o autor, também no prazer, que pode ser mais ou menos puro (espiritual), ou misto de elementos corporais, sem contudo deixar de ser tal.

180. Note-se o conceito da saúde como proporção, que se confronta com o de virtude como mediania (mediania absoluta, se determinada racionalmente, porém relativa, empiricamente).

de outra qualquer, porém nasce daquela em que se dissolve, da qual foi gerada; e haveria geração[181] do prazer, cuja corrupção seria, pois, a dor. Dizem,[182] igualmente, que a dor seja a carência daquilo que existe consoante à natureza, e o prazer lhe seja a mitigação.[183] Mas estas são afecções corporais. Se o prazer é uma mitigação daquilo que é conforme à natureza, provará o prazer aquilo em que ocorre a mitigação, isto é, o corpo. Mas não parece. Logo, o prazer não é uma mitigação, mas produzindo-se a mitigação a pessoa poderá sentir prazer, assim como sentirá dor quem se cortou. Esta opinião provavelmente provém da consideração dos prazeres e das dores que se reportam à nutrição: os que dela são privados sentem dor por isso, e sentem, depois, prazer com a mitigação. Mas tal não se dá em todos os prazeres. São isentos de dor os prazeres do estudo, e, dentre os sensíveis, os do olfato e muitos dos do ouvido e da vista, e as memórias e as esperanças. De que coisa seriam eles geração? Não houve falta de nada, cuja mitigação possa produzir-se.

Àqueles, pois, que se consagram aos mais torpes prazeres,[184] pode-se responder que estes não são aprazíveis. Se aqueles dispostos de maneira má se tornam aprazíveis, não devem ser julgados aprazíveis também por outros fora eles; nem tampouco se deve, do mesmo modo, julgar sãs, ou doces, ou amargas as coisas que assim parecem aos enfermos, ou brancas as que tais parecem aos doentes da vista. Ou então se pode responder assim: que os prazeres são desejáveis, mas não aqueles desejados por estes. Por exemplo, a riqueza é desejável, mas não a de um traidor; a saúde é desejável, mas não a de um glutão desordenado. Ou ainda, que os prazeres são de espécie diferente, porque aqueles provenientes de coisas honestas são diversos daqueles provenientes de coisas torpes; e não é possível que

---

181. Toda geração é passagem de um substrato da matéria a forma, de potência a ato, assim que se resolve em ato aquilo que antes se achava em potência, e, corrompendo-se, torna-se potência de um novo ato. Retorna o motivo antiplatônico da necessidade de um substrato ou substância, que explique o devenir e constitua o fundamento dos contrários (ser e não-ser; branco-preto, frio-quente etc.; aqui, prazer e dor).

182. Grande parte destes argumentos derivam do *Filebo*. Este último se ajusta ao precedente. O substrato requerido pelo autor seria, para ele, o corpo. O autor responde que o prazer (ato do sentir) é, ao invés, um fato da alma, do qual o fato corpóreo é um simples pressuposto físico.

183. *Mitigação*, quase preenchimento de um vazio.

184. Os prazeres torpes não são prazeres "por natureza", realmente, por si mesmos.

sinta o prazer da justiça aquele que não é justo; nem o prazer da música quem não é músico; e quanto aos outros, igualmente. Também a amizade, naquilo que é diversa da adulação, parece demonstrar que o prazer pode não ser bom, ou então que existe de espécies diferentes: o amigo, com efeito, nos trata visando ao nosso bem; o adulador, mirando ao prazer; e este é menosprezado; aquele outro, louvado porque nos trata com escopo diverso. Ninguém escolheria o viver conservando sempre pensamentos de infante e comprazendo-se nas coisas que para as crianças cremos sobretudo convenientes; nem o dever alegrar-se de fazer coisas infamíssimas, embora não devam jamais produzir-lhe dores. Antes, detalharemos toda diligência em muitas coisas que, entretanto, não nos trazem nenhum prazer: como no ver, no recordar, no saber e no possuir a virtude. Que elas se acompanhem necessariamente de um prazer, não importa: nós as escolheríamos, muito embora nenhum prazer delas proviesse.

Logo, parece-nos evidente que nem o prazer é o bem por excelência, porque nem todo prazer deve ser desejado, e que certos prazeres são desejáveis por si mesmos, os quais diferem dos outros pela espécie, ou pelas coisas donde promanam.[185]

Das opiniões acerca do prazer e da dor, baste o que se disse.

[5. O prazer não é nem movimento, nem geração, mas a sua forma é sempre perfeita em si.]

L I V R O X , 4

[1174a10] QUE COISA SEJA ELE E DE QUE QUALIDADE, tornar-se-á mais claro se volvermos ao começo.[186]

O ato de ver é em todos os seus momentos perfeito (porque não necessita de coisa alguma que se lhe acrescente para dar à sua forma a perfeição última). De tal natureza é igualmente o prazer. Assim, é um todo comple-

---

185. Em conclusão: devemos julgar os prazeres partindo da atividade de que se acompanham (o bem é atividade, ato espiritual em si mesmo). Pressuposta, como do costume, a parte histórico-crítica atém-se ao discurso sistemático.

186. Em toda a discussão seguinte, não se esqueça o conceito de ato que tem a perfeição imanente na sua própria atualidade, sendo um presente perpétuo, indivisível no ponto da sua verdadeira realidade, independente de consideração temporal. (Por exemplo, o processo de composição de uma poesia ou de um templo pode, empiricamente, dividir-se em partes e em tempos diversos; mas não o ato daquele pensamento poético ou arquitetônico.)

to, e em tempo algum se poderia surpreender um prazer, do qual, durando maior tempo, possa ser aperfeiçoada a forma. Por isso, precisamente, não é tampouco um movimento. Pois todo movimento está no tempo e visa a um fim. Por exemplo, o construir uma casa é perfeito quando tenha produzido aquilo a que mira, ou no tempo todo, ou neste momento que passou: os movimentos nas partes simples de tempo são todos imperfeitos, e de espécie diversa entre si e do todo. A composição das pedras é diferente da concavidade da coluna, e ambas da feitura do templo: esta é perfeita, porque nada lhe falta para o fim proposto; ao invés, a feitura do pedestal e a do tríglifo são imperfeitas, porque uma e outra são de uma parte somente. Logo, são de tipos diferentes, e não se pode em tempo algum tomar um movimento como perfeito pela forma, mas, se o fizermos, no tempo todo.

Do mesmo modo, com o caminhar e os outros movimentos.[187] Se, de fato, o deslocamento é o movimento de um lugar para outro, dele são espécies diferentes o voar, o caminhar, o saltar etc. E isto vale não só no movimento em geral, senão também no próprio caminhar, pois o percurso de um lugar a outro não é o mesmo no estádio e em uma parte dele, e tampouco nesta ou naquela outra parte; e igualmente não é o mesmo atravessar esta linha ou aquela, porque não se passa apenas uma linha, mas uma linha que está em um lugar, e que está em um lugar diferente daquele de uma outra.

Contudo no movimento se falou alhures atentamente; aqui temos por provado que não é perfeito em nenhum tempo, mas que dele há muitos, imperfeitos e diferentes pela espécie, uma vez que andar de um lugar para outro constitui diferença específica.

Pelo contrário, a forma do prazer é perfeita em qualquer tempo que o tomem. Logo, fica esclarecido que movimento e prazer são diferentes entre si, e que o prazer está no número das coisas inteiras e perfeitas. Poder-se-ia ver isto também, considerando que não há movimento que não esteja em um tempo, mas tal não se dá com sentir prazer, que, no instante, é já um todo completo.

Concluamos que não raciocinam bem aqueles que dizem ser o prazer um movimento ou uma geração, porque não se atribuem movimento e

---

187. Lembrem-se, quanto a estas considerações sobre o movimento, os famosos argumentos de Zenão, os quais tiveram aqui a primeira, mas ainda hoje peremptória, confutação.

geração a todas as coisas, porém àquelas divisíveis em partes, e não às inteiras. Não há geração do ato do ver, nem do ponto, nem da unidade; nem nenhuma destas coisas é movimento ou geração. Logo, nem do prazer tampouco, pois é um todo completo.

[6. O prazer é a perfeição do ato.]

Atuando toda sensação, com respeito ao sensível, atuará perfeitamente aquela que está disposta perfeitamente em relação ao mais excelente dos sensíveis que recaem sob ela: que tal, sobretudo, parece ser a natureza do ato perfeito (não faz diferença dizer que a sensação esteja em ato, ou então naquilo em que ela está)[188]. Em cada gênero, pois, o ato mais excelente é aquele do ente disposto otimamente em relação à melhor das coisas que recaem sob ele: e será este o ato mais perfeito e mais aprazível. Não obstante, o prazer está em correspondência com toda sensação e igualmente com todo pensamento e contemplação; daí, ser mais aprazível que todos o ato mais perfeito entre eles, o qual é o daquele que se ache perfeitamente disposto para o mais digno dos objetos da sua atividade.[189]

O prazer aperfeiçoa o ato,[190] não do modo por que o aperfeiçoam o sensível e o sentido, quando um e outro se encontram nas condições

---

188. *Aquilo em que ela está*, a alma.

189. *Aquele que* etc.: Deus, ato puro, identidade perfeita de sujeito e objeto. Cf. *Metafísica* (1072b15): "E a sua vida é de modo tal que também para nós é a mais excelente, salvo que a nós é conhecida somente por breve tempo. Dela Ele goza sempre (a nós nos fora impossível), pois que para Ele a atividade é também prazer. E, por isso, também a nós dá grande prazer o velar, o sentir, o pensar, e por causa destes o esperar e o recordar. Logo, se Deus está eternamente naquela feliz condição em que nos encontramos às vezes, é coisa bem maravilhosa; mas, se está em uma condição também superior, será mais maravilhosa ainda. Pois bem, assim é Ele. E é, também, vivente: pois que o ato de entender é vida, e Ele é aquele ato: aquele ato que, existindo por si mesmo é n'Ele vida ótima e eterna".

190. Neste lugar famoso não faltam dificuldades, acrescidas pela provável desordem do texto (existem, talvez, também lacunas). Claro é isto: que há, para o autor, uma perfeição intrínseca ao ato, quando neste a forma do sujeito se adequa plenamente à do objeto; há uma perfeição ulterior do ato, também ela intrínseca, mas como "um aperfeiçoamento" que se ajunta ao primeiro. O autor não cuidou de esclarecer melhor esta perfeição ulterior. Diz, sim, que é de espécie distinta da primeira e entende, talvez, que naquela primeira o valor do ato dimana do seu adequar-se ao sujeito, não do ato em si e por si. De fato, acrescentou que "tampouco a saúde e o médico constituem igualmente causa de encontrar-se alguém são": a saúde é uma forma real, interna no homem são; é, ao contrário, abstrata e externa no enfermo, enquanto se acha ao cuidado do médico. Esta perfei-

convenientes; assim como tampouco a saúde e o médico constituem igualmente causa de encontrar-se alguém são. Que em correspondência a toda sensação se produza um prazer, claro está: dizemos que as sensações da vista e do ouvido são aprazíveis. Mas será óbvio também que o prazer existe em sumo grau quando o sentido seja ótimo e aja em relação a um objeto ótimo: e sendo tal, quer o sentido, quer o que sente, sempre haverá prazer, porque estão presentes tanto quem o deve produzir como quem o deve sentir.

O prazer aperfeiçoa este ato não como forma habitual, mas como um aperfeiçoamento que se lhe acrescenta, não de outro modo que a beleza àqueles que estão na flor da idade. E enquanto a coisa inteligível ou sensível for qual deve ser, e assim o ser julgador ou contemplador, o prazer estará presente no ato, pois, permanecendo iguais, e portando-se do mesmo modo entre si o que produz e o que sente, sucede naturalmente o mesmo efeito.

[7. Relação entre a vida e o prazer.]

Como, então, ninguém sente jamais o prazer sem interrupção? Porventura se cansa dele? Nenhuma das energias humanas pode durar continuamente. Logo, nem o prazer tampouco, porque ele se acompanha da atividade. Certas coisas nos alegram porque nos são novas, e, precisamente por isto não o fazem igualmente mais tarde: pois primeiro o pensamento é reclamado e age intensamente acerca das mesmas, como na vista, aqueles que olham fixamente, mas em seguida a energia não é mais tal, antes se mostra negligente: por isso, também, o prazer dissipa-se.

Pode-se igualmente pensar que todos tendem ao prazer porque todos são levados ao viver:[191] a vida é atividade, e cada um é ativo com aque-

---

ção ulterior surge, pois, do interior do ato como a saúde do homem são, e dá (digamos assim) um fascínio ao ato que se assemelha à beleza de quem está na "flor da idade" (que tem uma saúde perfeita). Agradaria entendê-la, como "plenitude de vida moral" do ato, como aquela harmonia da sensibilidade com a razão, que se observou em nota a Livro VI, 2.
Aqui o prazer seria verdadeiramente um "prazer moral" (a alegria da vida virtuosamente vivida). Mas poder-se-ia também pensar, em geral, em um aumento de atividade, que o prazer, entendido na sua pureza espiritual, dê ao ato impelindo-o, assim, cada vez mais, para o grau supremo da sua perfeição (*Metafísica*).

191. Conclui-se dando razão a Eudóxio: todo ser tende ao prazer, como à vida. Mas Eudóxio não reconheceu a diferença existente entre os prazeres, e muito menos observou a relação que tem o prazer com o ato do espírito.

las faculdades e acerca daquelas coisas que ama acima das outras. De tal modo age o músico, com o ouvido, quanto à harmonia; e quem gosta de aprender, com a razão, em torno das verdades teoréticas; e o mesmo se diga de tudo o mais, cujas energias, e por isso o gênero de vida a que cada um tende, o prazer torna perfeito. Logo, é justo também que cada um seja levado ao prazer: pois lhe aperfeiçoa vivê-lo, coisa de todos desejada.

Deixemos de parte, neste momento, a questão de se saber se nós desejamos o viver pelo prazer, ou então o prazer pelo viver. Certo que se mostram juntamente unidos, e não permitem separação, pois que sem atividade não se gera o prazer, e toda atividade se faz perfeita por meio do prazer.

[8. Distinção dos prazeres em relação às faculdades.]

LIVRO X, 5

[1175a20] AQUI, TAMBÉM, PARECE DIFERIREM os prazeres pela espécie. De fato, pensamos que as coisas de espécies diversas se aperfeiçoam por coisas de diversa espécie.[192] Vemos isto, seja nas coisas naturais, seja nas artificiais: como animais, árvores, pinturas, estátuas, casas e alfaias. Do mesmo modo, parece que as atividades especificamente diferentes não podem ser aperfeiçoadas senão por outras também diferentes. Os atos do pensamento diferem dos que encabeçam os sentidos, e estes diferem especificamente entre si: e, portanto, assim deve ser também nos prazeres que lhes dão a perfeição.

Isto se pode ver igualmente no fato de ser todo prazer conatural ao ato que aperfeiçoa,[193] pois o prazer acresce juntamente a atividade de que é próprio. Aqueles que agem com o prazer, julgam melhor e mais exatamente conduzem a termo cada coisa: assim sucede que se tornem bons geômetras aqueles que se deleitam com a geometria, os quais, se houver ocasião, com ela mais e mais se familiarizam; semelhantemente, aqueles que amam a música, ou a arte de construir, ou outro gênero de obras, naquela que lhes é própria, progridem mercê do deleite que elas lhes proporcionam.

---

192. A perfeição dos seres naturais (animais, plantas) depende do seu desenvolvimento; a das coisas artificiais, do uso a que são destinadas; a da atividade prática, da natureza das faculdades humanas.

193. O prazer próprio de uma faculdade promove-lhe o exercício; um prazer alheio impede-o.

Os prazeres crescem juntamente com a atividade. Mas as coisas que crescem juntas são conaturais. Logo, aquelas conaturais às coisas diferentes de espécie são também de espécie diferente. Isto será ainda mais evidente por serem os prazeres, que de espécie diversa derivam, de impedimento aos atos. Aqueles que gostam da flauta, se acontecer de ouvirem tocar a flauta, ficam reduzidos a não poder mais prestar atenção aos raciocínios, porque provam maior deleite na habilidade em tocar a flauta, do que na atividade que então os ocupava. De modo que o prazer da flauta destrói a atividade que intentava o raciocínio. Isto igualmente ocorre em todos os outros casos, quando exista em ato para dois objetos juntos: o que é mais agradável expulsa o outro, e tanto mais quanto maior é a diferença com respeito ao prazer, até que nem sequer age mais o outro. Por isso, quando nos deleitamos intensamente com qualquer coisa que seja, não fazemos nada mais, e quando nos mitiga debilmente, fazemos outras, assim como aqueles que, no teatro, costumam comer confeitos: então fazem isto principalmente quando os atores não valem nada. E já que o prazer torna mais diligente o ato a que é próprio, e mais duradouro e melhor, e os prazeres estranhos o destróem, cada um vê quanto são diversos. Os prazeres estranhos fazem quase o mesmo efeito das dores próprias da atividade: estas corrompem os atos; por exemplo, se a alguém é desagradável e tedioso escrever, ou fazer cálculos, não escreve, não faz cálculos, sendo-lhe tal ato enfadonho. Logo, exercem efeito contrário sobre o ato os prazeres e as dores que lhe são próprios: próprios são aqueles que sobrevêm à atividade por si mesma. Ora, dissemos que os prazeres estranhos fazem pouco mais ou menos o efeito da dor: destróem a atividade, se bem que não do mesmo modo.

*[9. A bondade ou maldade do prazer
depende da bondade ou maldade do ato.]*

Sendo diferentes os atos por bondade ou por maldade, e sendo uns de procurar, outros de fugir, e outros de nenhuma das duas coisas, o mesmo vale também nos prazeres, pois há para todo ato um prazer próprio. Donde ser próprio do ato virtuoso um prazer bom; do ato mau um prazer ruim. Em verdade, também os desejos são louváveis, se de coisas honestas; censuráveis, se de torpes. Mas os prazeres ínsitos nos atos lhe são mais conaturais que os apetites: estes, de fato, são já determinados temporal e naturalmente;[194, 195] aqueles, ao contrário, são tão vizinhos dos atos e assim deles indistinguíveis, que alguém pode perguntar se não é a mesma coisa o ato e o prazer. Não se quer dizer com isto que o prazer seja ou razão ou sensação (o que seria absurdo); mas que, não se podendo separar o ato do prazer, parecem, em certos casos, ser a mesma coisa. Por consequência, como são diversos os atos, assim também são os prazeres. A vista difere do tato por pureza, e assim o ouvido e o olfato do paladar; do mesmo modo também os seus prazeres; e destes são diferentes aqueles da razão; e uns e outros, enfim, entre si.

[10. Os prazeres dignos do homem.]

Pode igualmente dizer-se que a cada animal, assim como há uma obra que lhe é própria, também há um prazer próprio, isto é, aquele correspondente à sua atividade. Isto parecerá claro a quem olha cada um em particular, que diverso é o prazer do cavalo, do cão, do homem; como diz Heráclito, um asno preferiria a palha ao ouro, sendo para os asnos o alimento mais agradável do que o ouro. Logo, se de diferentes espécies são os prazeres dos seres de espécie diferente, é de crer que não sejam diferentes os prazeres dos seres da mesma espécie.

Mas para os homens, precisamente, há não pouca variedade: as mesmas coisas alegram a uns, desgostam a outros, e para alguns são dolorosas e odiosas aquelas que para outros são aprazíveis e amáveis. Justamente, por exemplo, com as coisas doces, que não parecem as mesmas a quem tem febre e a quem é são; nem o calor, a quem é débil e a quem é robusto. E assim nas outras coisas. Mas em todos os casos de tal feitio se há de crer que a coisa seja como parece ao homem virtuoso. Se isto foi bem dito, como parece, e é medida de todas as coisas a virtude e o homem bom como tal, também verdadeiros prazeres serão aqueles que a ele parecem tais, e aprazíveis aquelas coisas que lhe causam deleite. E se as coisas que lhe repugnam parecem aos outros aprazíveis, não há de que se maravilhar, pois nos homens se encontra muita corrupção e impureza, as quais não são de

---

194. O prazer, considerado empiricamente, é um estado da *psiquê*, do todo relativo às condições individuais, sendo tarefa da psicologia descritiva estudá-lo. Mas, identificado como a atividade, o seu conceito está no domínio da metafísica, isto é, da filosofia.

195. *Determinados temporal e naturalmente*: o apetite existe antes do ato, e é coisa natural; o ato está além do tempo (cf. Livro X, 4), e é puramente espiritual.

sua natureza aprazíveis senão àqueles tais e daquele modo dispostos. Não se devem, portanto, chamar prazeres aqueles que são torpes no consenso de todos os homens, salvo no de quem é corrupto. Mas depois, entre os prazeres que se mostram honestos, quais e de que espécie afirmaremos que sejam os próprios do homem? Porventura não será tal coisa manifesta derivando-os dos atos? Pois deles resultam os prazeres?

Logo, seja um só ou sejam muitos os atos próprios do homem perfeito e beato, deverão chamar-se propriamente prazeres do homem aqueles que lhe aperfeiçoam os atos; e não se chamem assim aos outros senão de modo secundário e a grande distância, de maneira idêntica aos atos que lhes correspondem.

SEÇÃO II
A FELICIDADE

LIVRO X, 6

[1. A felicidade é atividade virtuosa.]

[1176a30] DAS VIRTUDES, DA AMIZADE E DO PRAZER já se tratou:[196] resta-nos falar em esboço da felicidade, que identificamos como fim das ações humanas. O raciocínio será mais breve, se nos reportarmos às coisas ditas anteriormente.

Dissemos não ser um hábito,[197] porque de tal modo existiria também em quem passasse a vida dormindo, vivesse a vida das plantas e em quem se achasse em miséria enorme. E isto não agrada, mas antes devemos colocá-la, como dissemos nos livros precedentes, em uma certa atividade; e se dos atos alguns são necessários e desejados por causa de outros, e outros por si mesmos, claro está que a felicidade deverá ser posta entre aqueles desejados por si mesmos, e não entre aqueles desejados por outros; pois à felicidade nada falta, mas basta por si. Desejados por si mesmos são os

---

196. O problema moral foi implicitamente resolvido pelo autor com a relação estabelecida anteriormente entre os conceitos de virtude e de prazer, com o da atividade. Deste resultado se apresenta agora um discurso popular correspondente ao tom dado ao problema no livro primeiro (tirante a discussão sobre a ideia do Bem, onde tem origem o discurso dialético-metafísico da *virtude*). As opiniões ali reunidas encontram o seu ordenamento definitivo nesta seção. (Na seção precedente, ao contrário, tentou-se a superação do último período do pensamento platônico, onde mais diretamente encontra origem o que no autor há de mais original).

197. *Não é um hábito*, como professara Espeusipo. (Cf. Livro I, 8. Para o restante, cf. Livro I, 5 e 7.)

atos de que nada se requer, além da própria atividade. Tais parecem as ações conformes à virtude, porque o operar coisas belas e probas é dos atos desejáveis por si mesmos.

Entre estes se contam também os divertimentos que proporcionam prazer, porque não são desejados por causa de outro: tanto é verdade que deles se tira antes dano que utilidade, devendo-se por eles negligenciar o cuidado do corpo e dos haveres. A tais entretenimentos recorre a maior parte dos homens tidos na conta de felizes; e por isso gozam de grande favor entre os tiranos aqueles que são destros em preparar semelhantes folganças, porque sabem tornar-se-lhes agradáveis nas coisas a que são levados, que tais são as coisas de que os tiranos sentem necessidade.[198] E que estas coisas possam tornar feliz, argumenta-se ao observar os poderosos passarem nelas o seu tempo. Mas não parece que seja bom argumento, porque não consiste no ser poderoso a virtude e a inteligência, das quais emanam todos os atos meritórios. E se aqueles, não possuindo o gosto do prazer nobre e puro, recorrem aos prazeres corporais, nem por isso é de reputar que estes mereçam a preferência; também as crianças acham superiores todas as coisas a que dão valor. É antes bem razoável que, como pelas crianças e os adultos são apreciadas coisas diversas, assim suceda com os homens vis e com os probos. Como amiúde dissemos, honorandas e simultaneamente aprazíveis são as coisas que são tais para o homem de bem: é desejadíssimo por cada um o ato conforme ao próprio hábito, e, portanto, pelo homem de bem, aquele conforme à virtude.

Logo, a felicidade não consiste nos divertimentos, porque seria deveras absurdo fazer deles o fim, e trabalhar, e suportar os males durante a vida inteira com o escopo de divertir-se. Quase todas as coisas desejamos em vista de outras, tirante a felicidade, a qual é, ela mesma, o fim. Lutar e se afadigar com o escopo de divertir-se parece coisa tola e bastante pueril; justo, ao invés, e como diz Anacársis, divertir-se para ser laborioso, pois o divertimento se assemelha a um repouso, de que têm necessidade aqueles que não podem fatigar-se continuamente. Mas o repouso não é fim, porque é usado com o fim de atividade. Feliz, antes, é a vida conforme à virtude; esta é uma vida seriamente laboriosa, e não consiste no divertimento e cuja seriedade nós todos apreciamos mais do que as coisas ridículas ou divertidas, e mais séria chamamos a atividade própria do homem e da sua

---

198. *Os poderosos*: cf. Livro I, 5.

parte melhor. Ora, a atividade daquilo que temos de melhor é já superior às outras e mais apta a dar-nos a felicidade. Dos prazeres corporais poderá gozar quem quer que seja, o escravo não menos que o homem mais excelente;[199] mas da felicidade, ninguém há que faça partícipe o escravo, tirante o caso de que o torne participante da vida. Pois a felicidade não reside em semelhante modo de viver, porém nos atos conformes à virtude, como dissemos anteriormente.

[2. A felicidade perfeita consiste na atividade do pensamento.]

LIVRO X, 7

[1177a15] SE A FELICIDADE É ATIVIDADE conforme à virtude, é bem razoável que seja conforme à virtude mais excelente, e esta será a virtude daquilo que em nós há de melhor. Logo, seja isto o pensamento,[200] ou outra coisa, que pareça por natureza ordenar e guiar, e tenha inteligência das coisas belas e divinas – quer porque ela própria seja divina, quer porque das coisas que estão em nós seja a mais divina. A sua atividade, conforme à virtude que lhe é própria, será a felicidade perfeita. Que tal seja a contemplativa, já dissemos.

Fácil é ver que isto concorda com quanto se disse atrás, e com a verdade, pois ela é a atividade mais excelente: de fato, o pensamento é o que em nós há de mais excelente, e, dentre as coisas cognoscíveis, as mais excelentes são aquelas em torno das quais existe o pensamento.

Além disso, é a mais ininterrupta: podemos contemplar sem interrupção muito mais que operar o que quer que seja.

Cremos também que à felicidade deve estar em conjunto com o prazer. Ora, conveio-se em que a mais doce das atividades conformes à virtude é aquela existente segundo a sapiência e na verdade, vemos a filosofia conter prazeres maravilhosos em pureza e em constância, exercício, bem entendido, que é mais suave a quem já sabe, do que a quem o anda ainda investigando.

E aquilo que denominamos "bastar por si" encontra-se sobretudo na atividade contemplativa. Pois as coisas necessárias ao viver são, sim, igual-

---

199. O escravo não era senhor da sua vida, porém servia como *instrumento animado* à vida de outros.

200. *Pensamento*: o *nous*, que ora abrange e resolve em si também a *dianoia*.

mente precisas ao sapiente e ao justo, e a todos os outros. Mas uma vez que delas estejam providos suficientemente, o justo tem necessidade também dos homens com quem deverá exercitar a justiça, e o temperante, igualmente, e o forte e cada um dos outros virtuosos. O sapiente, ao contrário, também por si mesmo está em condição de poder contemplar, e tanto mais, quanto mais sapiente for; talvez, melhor ainda, se tiver cooperadores, mas em outra coisa basta-se por si mesmo.

Pode-se dizer que ela, unicamente, é amada por si mesma: dela outra coisa não deriva que o ter contemplado; ali onde da prática retiramos sempre, ou mais ou menos, alguma vantagem além da ação.[201]

Ademais, parece que a felicidade consiste em ter-se descanso,[202, 203] porque nós afrontamos as canseiras pelo descanso, e fazemos a guerra para obter a paz. A atividade das virtudes práticas exercita-se nas coisas políticas ou nas bélicas. Mas as ações, sobre as quais versam estas coisas, são plenas de canseiras, especialmente as bélicas: ninguém deseja a guerra, nem para a guerra se prepara, pela guerra. Pareceria verdadeiramente sanguinário aque-

---

201. *Metafísica* (982b25): "Claro está que com ela não buscamos nós nenhuma outra utilidade; mas, como chamamos homem livre aquele que existe por si mesmo e não por outro, assim também ela, entre as ciências, é a única livre, porque só ela é o fim de si mesma. Pelo que é bem justo que a posse dela se considere mais que humana, já que a natureza de grande parte dos homens é de escravos".

202. *Descanso*: no sentido do latim *otium*. As virtudes éticas visam àquele "ócio" em que o homem, livre de cuidados materiais, possa exercer as suas mais nobres atividades: isto não é possível quando ande ele atarefado. "Por isso, quantos se acham em condição de desobrigar-se das fadigas, deixam-lhe o encargo ao intendente, e dedicam-se à política e à filosofia" (*A Política*, 1255b34). Naturalmente, este ideal de vida era possível quando a atividade do homem se manifestava quase toda na vida social, e esta, pela instituição da escravatura, permitia somente a poucos ocuparem-se de política. Assim, a celebração aristotélica do *ócio filosófico* adquire um sentido de intimidade espiritual que preludia um novo conceito do homem e da fonte primeira do problema moral. O ócio ou descanso do autor, todavia, é ainda também uma mitigação das faculdades meramente racionais.

203. S. Tomás comenta este trecho: *Ad felicitatem speculativam tota vita politica videtur ordinata; dum pacem, quae per ordinationem vitae politicae statuitur et conservatur, datur hominibus facultas contemplandi veritatem.* Veja por si o leitor como, mudados os tempos, alçada a Igreja sobre o Estado, feita monástica a vida contemplativa, as palavras do autor revestiam problemas muito distantes da concepção grega. E como, no crepúsculo da concepção medieval do homem, se tenha voltado mais e mais àquela concepção grega, porém aprofundada, ou antes radicalmente transformada por toda a experiência moral que o Cristianismo trouxe no sentido de interioridade e personalidade humana, e daí também à vida social e política da humanidade.

le que tornasse inimigos os amigos para fazer nascerem batalhas e morticínios. Mas também a atividade do político é cansativa, e por ter os cuidados próprios da política, destina-se a proporcionar poderes e honras, ou, precisamente, aquela felicidade a si e aos cidadãos, a qual é diversa da política, e que também nós buscamos evidentemente como diversa daquela.

Ora, se dentre as ações conformes à virtude, as políticas e as guerreiras estão à frente de todas pela beleza e pelo grandioso, mas são privadas de descanso, e visam a um outro fim, e não são desejadas por si mesmas: ali onde a atividade do pensamento, sendo contemplativa, parece ser a mais excelente por dignidade, e não mirar a nenhum fim fora de si mesma, e possuir um prazer próprio perfeito (o qual acresce juntamente a atividade), e ser suficiente para si, e cômoda e contínua enquanto é possível ao homem (e quantas outras coisas referentes àquela atividade atribuímos ao homem beato): será esta felicidade perfeita digna do homem, quando alcance perfeita diuturnidade de vida. Pois nada de imperfeito existe naquilo que pertence à felicidade.

[3. A beatitude humana e a beatitude divina.]

Mas uma vida de tal ordem supera a natureza do homem, porque o homem não vive aquela vida como homem, mas enquanto certo quê de divino é ínsito nele; e de quanto isto é mais excelente do que o composto, de tanto igualmente a sua atividade é mais excelente do que aquela conforme às demais virtudes. Se, pois, o pensamento em confronto com o homem é coisa divina, também a vida que existe, segundo o pensamento, em confronto com a humana, é vida divina.

Não convém, portanto, dar ouvidos àqueles que nos vão aconselhando a nos atermos, sendo homens, às coisas humanas, e, sendo mortais, às coisas mortais. Antes pelo contrário, devemos tornar-nos o mais possível imortais, e fazer de tudo para viver segundo aquela parte que em nós é mais excelente, a qual, embora pequena em amplitude, sobrepuja muito todas as outras, em potência e em dignidade. E se é verdade que ela é a principal e mais digna, pode-se dizer que cada um não é outra coisa senão esta parte. Daí ser absurdo que o homem prefira outra vida à sua própria. E o que dissemos antes concordará com o que se acrescentou agora. A cada um é coisa ótima e dulcíssima aquela que lhe é naturalmente própria.

Logo, ao homem, a vida que é segundo o pensamento, dado que o homem é sobretudo pensamento.

Esta, com efeito, é também a vida mais feliz.

LIVRO X, 8

[1178a10] VEM, EM SEGUNDO LUGAR, a vida conforme às outras virtudes, porque os atos a elas conformes são de natureza humana. A justiça, a fortaleza e as outras virtudes nós as exercitamos reciprocamente nas relações comuns, nos costumes, nas ações de toda sorte e nos afetos, conservando para cada um quanto lhe compete, as quais, manifestamente, são todas humanas. Parece, pois, que em algumas coisas as virtudes éticas derivam também do corpo, e que a muitos respeitos sejam conaturais aos afetos. E a sabedoria se concilia com a virtude ética, e esta com a sabedoria, desde que os princípios da sabedoria são conformes às virtudes éticas, e a retidão das virtudes éticas está na conformidade da sabedoria. E, sendo elas entrelaçadas também com os afetos, versarão acerca do composto.[204] Ora, as virtudes do composto são virtudes humanas. E, portanto, humana é a vida que se lhes conforma, e a sua felicidade. Aquela, sendo do pensamento, é separada.[205] Dela outras coisas não serão ditas, porque um exame mais diligente supera o assunto presente.

Ademais, pode-se dizer que a virtude do pensamento tem pouca necessidade dos subsídios exteriores, ou, caso a tenha, será menor que a virtude ética. E seja, contudo, também igual para ambas a precisão das coisas necessárias – se bem que o político deva industriar-se mais quanto ao

---

204. *Composto*: o homem, segundo a doutrina escolástica e vulgar, é um "composto" de alma e corpo: a alma, por si, é "sobretudo pensamento"; ela deve à sua união com o corpo a parte irracional, o apetite sensível, os afetos e as paixões, que dão o conteúdo às virtudes éticas, as quais (por exemplo, a fortaleza, a continência etc.) se beneficiam também da boa disposição da natureza corporal do indivíduo.

205. *Separada*: em Deus, absolutamente; no homem, tanto quanto consegue viver em si a vida divina. – Nesta separabilidade ou inseparabilidade do pensamento, na necessidade do elemento sensível humano, para a individualidade da alma (o pensamento, por si, na sua universalidade, é impessoal), relacionou-se, depois, como é sabido, a questão da imortalidade da alma humana (célebre, sobre este ponto, a polêmica de S. Tomás contra Averróis). Hoje não se poderia mais discutir a questão nesses termos: o conceito de "separação" (como de uma parte divisível de outra) soa muito materialmente; e por igual, a individualidade da pessoa não pode ser colocada na peculiaridade de uma "composição" do elemento "corpo" com o elemento "alma".

corpo e todas as outras coisas semelhantes (mas talvez seja isto de pouca monta)[206]: a diferença, todavia, é grande com respeito às suas atividades. Ao homem liberal, com efeito, haverá mister o dinheiro para operar liberalmente, e ao justo servirá no recambiar quanto recebeu (pois as intenções não se veem, e também aqueles que não são justos afetam ares de ter a intenção de operar com justiça); o homem forte precisa do poder, se quiser levar alguma coisa a efeito por via daquela virtude, e o temperante, da abundância. Se não, como ficaria patente que tenham ou não esta ou qualquer outra virtude? Questiona-se se, consistindo a virtude no propósito, e, ao mesmo tempo, na ação,[207] haveria que levar em maior conta um ou outra. Não há de se duvidar que a perfeição reside em ambos. Mas é também verdade que a ação precisa de muitas coisas, e de tantas mais quanto mais são belas e grandes as ações. Ao contrário, aquele que contempla[208] não faz falta nenhuma estas coisas à sua atividade; antes, diria quase, lhe são empecilho à especulação; mas enquanto é um homem e convive com os outros, desejará também obrar virtuosamente, e terá, assim, necessidade de tais coisas para humanar-se.

Que a felicidade perfeita seja uma atividade especulativa,[209] pode-se ver também aqui. Nós julgamos os deuses, sobretudo, beatos e felizes.[210] Ora, que ações lhes atribuiremos? Porventura as ações justas? Mas não pareceriam ridículos a comerciar e a devolver coisas e a fazer semelhantes negócios? Ou então, ações fortes, com as quais sustentem as coisas terríveis, e imiscuam-se nos perigos, porque assim obrar é belo? Ou ainda, ações liberais? Mas com quem as praticariam? Fora já também absurdo que houvessem de possuir dinheiro ou coisa parecida. E os seus atos de

---

206. Aqui, o "político" é aquele que vive a vida pública, não o homem de Estado. O outro termo de confronto é o "filósofo".

207. *Propósito e ação* correspondem, aqui, a *vontade e fato;* isto é, um no momento da interioridade; a outra, da exterioridade. Assim, no agir exterior a nossa vontade pode encontrar obstáculos materiais que na especulação não existem.

208. O "filósofo" é também um "político": é como um deus que tem necessidade de fazer-se homem (de "humanar-se", como diz o autor, com palavra possivelmente cunhada por ele).

209. Traduziu-se indiferentemente como *especulativa* ou *contemplativa* a atividade do *nous*: um termo está mais próximo da ideia da pesquisa metafísica, o outro da beatificante visão do verdadeiro.

210. Os deuses, de que fala o autor, ou são aqueles da crença comum, ou então as inteligências motrizes dos céus. Deus, o motor primeiro, como é sabido, é ato puro do *nous*, pensamento de pensamento (pensamento pensante de si mesmo).

temperança, em que consistiriam? Ou não seria estúpido louvá-los porque não têm desejos vis? Se nós, pois, percorrermos todas as coisas que respeitam às ações, elas nos parecerão pequenas e indignas dos deuses. Contudo, afirmam todos que eles vivem, e, assim, que sejam ativos, pois ninguém pensa que durmam, como Endimião. Ora, arrebatando a quem vive a ação, e, com maior razão, a arte, que resta, senão contemplação? Por consequência, a atividade de Deus, a qual em beatitude a todas ultrapassa, será especulativa. E por isso, entre as atividades humanas, a que dela for a mais congênere será a mais apta a tornar feliz.

Indício disto é também que os outros seres viventes não participam da felicidade, sendo de tais atividades completamente privados. A vida dos deuses é inteiramente beata;[211] a dos homens, enquanto há neles uma semelhança de tal atividade; porém, dos outros seres viventes nenhum é feliz, já que de modo algum participa da atividade especulativa. Logo, quanto mais se alarga a especulação, tanto mais se amplia a felicidade, e onde há mais especulação, ali existe mais felicidade. Nem isto acontece por acidente, mas pela própria natureza da especulação, pois ela tem o seu valor em si mesma. Assim, a felicidade é uma espécie de especulação.

[A natureza do homem não permite especular senão cuidando também do corpo e provendo-se de bens exteriores em medida suficiente. O homem veramente feliz não será nem rico nem pobre, porque para fazer o bem basta pouco. E se, como parece justo crer, os deuses têm das coisas humanas algum cuidado, eles amarão os homens virtuosos e principalmente os sapientes.]

---

211. Os deuses *vivem*: a sua vida é, pois, simultaneamente, *pensamento* e *ação*. A felicidade perfeita é uma *sorte de especulação*, a qual também é *uma sorte de ação*, entendida não na exterioridade, mas na intimidade da vida do *nous*. Cf. *A Política* (1325b14): "Se verdadeiras são as coisas ditas e a felicidade há que ser posta na perfeição do agir, também a vida prática será a mais excelente, tanto para os indivíduos particulares, como para os Estados. Mas não é necessário que a vida ativa respeite aos outros – como alguns pensam –, nem são práticos aqueles pensamentos que só se formam em vista daquelas coisas que do agir decorrem; porém muito mais são tais as especulações e meditações que têm o fim e a perfeição em si mesmas. Pois que o fim é a perfeição do agir e, portanto, uma espécie de ação. Sobretudo, pois, e de modo soberano dizemos nós que agem aqueles que pelo pensamento são os arquitetos também das ações exteriores. Isto vale assim para os Estados como para os indivíduos. Se o fato fosse outro, faltaria a perfeição de Deus e do universo, os quais não têm ações exteriores além daquelas que lhes são próprias". Logo, a vida do divino em nós é a atividade mais alta no significado mais pleno, como fonte também de todos os valores espirituais que realizamos fora de nós, na vida social e política.

[Chegados ao término do nosso discurso, perguntamos de nós para conosco: alcançamos o fim proposto? Ou porventura, nas ciências práticas, o fim consiste antes no operar, do que no conhecer? Não basta saber que coisa é a virtude: há mister de tornarmo-nos bons. Se bastassem os raciocínios, bem deveríamos fazer de tudo para procurarmos muitos. Mas contudo, eles, embora servindo para reafirmar no culto do belo e do bom os mais nobres e bem nascidos dentre os jovens, são impotentes no induzir ao bem e à beleza a grande maioria. A maioria dos homens, com efeito, não obedecem à voz da honra, mas cedem somente ao temor do castigo. Vivendo presa das paixões, não se entregam a nenhum pensamento acerca da virtude, que sequer nunca provaram. Qual raciocínio poderia movê-los? Tem a palavra tanta força que modifique os hábitos inveterados? É, portanto, oportuno indagar dos outros meios por que o homem possa tornar-se bom.

Alguns acreditam que os faça bons a natureza: outros, o hábito; outros, enfim, o ensino. Mas o que vem da natureza não depende de nós, antes é dado aos verdadeiramente felizes por certas causas divinas. O ensinamento também não cativa a todos, mas somente aqueles já preparados pelo hábito, como terreno já disposto para receber a semente: onde a paixão domina, não se cede à palavra, mas à força.

É necessário que ao ensinamento preceda o bom costume, a fim de que aquele seja frutuoso. Mas ter por fortuna, desde jovem, uma reta educação, é difícil a quem não tenha sido nutrido sob boas leis. O viver com temperança, constantemente, não é coisa agradável à maioria, principalmente aos jovens. Por isso é preciso que a educação seja ordenada pelas leis, a fim de que se formem nos jovens os bons hábitos. E não só os jovens têm necessidade de educação, mas também os adultos, porque a maioria obedece antes à necessidade e às penas, e não aos raciocínios e à bondade. As leis, pois, acompanham o homem por toda a vida, e impelem à virtude, os bens dispostos com o amor do belo, a quem é escravo do prazer com a repressão e com as penas, segregando da convivência dos outros quem seja de todo incorrigível.

A autoridade paterna não possui tal vigor suficiente para constranger, nem o tem, em geral, a autoridade de um só homem: tem-no, ao invés, a lei, como expressão da razão e da sabedoria. Ademais, as prescrições de um indivíduo despertam facilmente aversão naqueles a quem são endereçadas; a lei, prescrevendo o honesto, não fica exposta ao ódio de ninguém.

Em poucas cidades, bem verdade, os legisladores se ocuparam, como em Esparta, da educação pública, mas importaria assaz que todos dedicassem grande cuidado à educação dos cidadãos. Entretanto, esforcem-se todos os cidadãos por tornar virtuosos os seus filhos e os seus amigos, fazendo-se eles mesmos legisladores. Sejam ou não sejam escritas as leis, pouco importa. Como nas cidades têm força as leis públicas, assim nas famílias as palavras e os costumes paternos: que os filhos são de natureza predispostos a amar o pai, e a ser-lhe obedientes. Por certos aspectos, até, a educação particular oferece vantagens, como aquela consagrada a um indivíduo particular, no conhecimento do qual pode acontecer adquirir mais experiência um educador privado, embora não dotado de ciência. Contudo, resta sempre verdadeiro que, como em todas as outras coisas, é competente aquele que possui a ciência, a qual faz parte do universal. Logo, quem quer fazer melhores os homens, trate-se de uma família, ou de uma comunidade, deve primeiro tornar-se apto para instituir leis. Tendo, pois, os antigos descurado investigar quanto respeita à instituição das
 , om que nós lhes déssemos atenta consideração, a fim de que
 todo o possível seja aperfeiçoada aquela filosofia que versa acerca das
 ..s humanas).